THE 2-in-1 MANAGER

二合一
极简管理课

高效决策

BE DECISIVE NOW!

［英］乔斯·凡·罗增（JOS VAN ROZEN）◎ 著

马林梅 ◎ 译

湖南科学技术出版社

图书在版编目（CIP）数据

高效决策 / （英）乔斯·凡·罗增（JOS VAN ROZEN）著；马林梅译. — 长沙：湖南科学技术出版社，2020.3
（二合一极简管理课）
ISBN 978-7-5710-0319-7

Ⅰ. ①高… Ⅱ. ①乔… ②马… Ⅲ. ①领导学 Ⅳ. ①C933

中国版本图书馆 CIP 数据核字(2019)第 207999 号

著作权合同登记号：18-2019-031

GAOXIAO JUECE
高效决策
著　　者：[英]乔斯·凡·罗增
译　　者：马林梅
责任编辑：何　苗　李　柔
出版发行：湖南科学技术出版社
社　　址：长沙市湘雅路 276 号
　　　　　http://www.hnstp.com
湖南科学技术出版社天猫旗舰店网址：
　　　　　http://hnkjcbs.tmall.com
印　　刷：长沙鸿和印务有限公司
　　　　　（印装质量问题请直接与本厂联系）
厂　　址：长沙市望城区金山桥街道
邮　　编：410200
版　　次：2020 年 3 月第 1 版
印　　次：2020 年 3 月第 1 次印刷
开　　本：889mm×1194mm　1/32
印　　张：8.75
字　　数：230000
书　　号：ISBN 978-7-5710-0319-7
定　　价：45.00 元
（版权所有·翻印必究）

推荐语

"许多公司为使计划获得批准花费了过多的时间，而为分析并确定最佳方案投入的时间过少。阅读本书，你会找到破解曾令你头疼的决策问题的工具和方法，它们能实实在在地帮你做出更优秀的决策。"

——可口可乐加拿大公司总裁
比尔·舒尔茨（Bill Schultz）

"想成为世界一流的决策者吗？读读乔斯·凡·罗增给出的重要提示和丰富实例，你就知道怎么做了。"

——鲁伊斯食品公司（Ruiz Foods）企业发展部总监
比尔·赫伯特（Bill Herbert）

"本书堪称高效决策的综合指南。它内含大量实用而新颖的提示，能帮助任何人有条不紊地做出高度一致的优质决策。"

——诺基亚公司执行发展部部长
唐·弗雷泽（Don Fraser）

"本书里的概念真的很实用！我们在 2010 年启动的一个业务流程改进项目中已经运用了其中的许多概念，效果很棒。我们在整个过程中及时有效地做出了决策，最终的效果确实惊人！"

——工商管理硕士，可口可乐菲律宾公司投资经理
理查德·西森（Richard Sison）

"简单明了，通俗易懂，无可挑剔……是能显著提高组织决策能力的实用工具。"

——巴帝电信（Bharti Airtel）公司非洲人才管理和领导力开发项目主管
艾瑞尼·吉可米（Irene Gikemi）

"成功人士做出明确的个人决策。决策使你独立，让你掌控所处的领域……运用本书做出正确的决策，你可以成为独立自主的人，处理问题得心应手……运用本书中的任何思想都能让你财源广进。"

——《杰出人物》（Who's Who）杂志主编
大卫·怀特

目 录

第 **1** 章

找准问题

1.1 先置身事外，了解问题背景

许多商业决策过程都是从解决方案而非问题开始的，画一幅商业背景图能帮助你揭示出隐藏的问题。甚至可在考虑问题是什么之前，简单地陈述事实并将有关信息联系起来。要获悉广泛的背景，就要运用多个视角。然而，多视角的运用并不必然意味着你了解了足够广泛的背景。

盲人摸象

古印度的一则寓言说明了个人视角的局限性。寓言说的是有 6 个盲人从未见过大象，但他们很想知道大象长什么样，一天，他们被带到了一头大象面前。他们每个人都伸手摸了摸大象，但他们只摸到了大象的一部分（一个摸到了鼻子，一个摸到了长牙，一个摸到了腿，另一个摸到了尾巴）。在描述大象的样子时，他们每个人说的都不一样：一个说大象像蛇，一个说像长矛，另一个说像柱子，等等。这则寓言意在说明，尽管每个人的观点都有理有据，但没有人知道全貌。只有通力合作，整合各方观点，我们才能更接近事实的真相。

照着做

与同事一起了解现实背景，让他们找出隐含的解决方案，并着重突出缺失的信息。

1.2 运用"五问法"找到问题的根源

解决显而易见的问题不一定能解决真正的问题，要确信你已追根溯源。可运用惯常的方法，如"五问法[1]"或鱼骨图[2]来快速实现。

来源：Mazzur/Shutterstock

照着做

探求根本原因时，要特别注意过程中断或行为改变的迹象。

1.3 了解你的战略重点

不是每个问题都亟待解决，也不是每个问题都要由你的公司解决。要明确你的战略重点是保护、创造、扩大组织未来的利润源。你的战略重点越明确，你的头脑就越冷静，你也就越清楚哪些是必做事项，哪些不是。

---

1. 对一个问题点连续提问五个"为什么"以找到其根本原因的分析方法。但要注意，运用这种方法时，并不是只提问五次，可根据需要继续发问，直到找到根本原因为止。——译者注
2. 将问题的影响因素与特性值按相互关联性整理成层次分明、条理清楚并标出重要因素的鱼骨状图形，是分析问题的"根本原因"时可采用的一种方法。——译者注

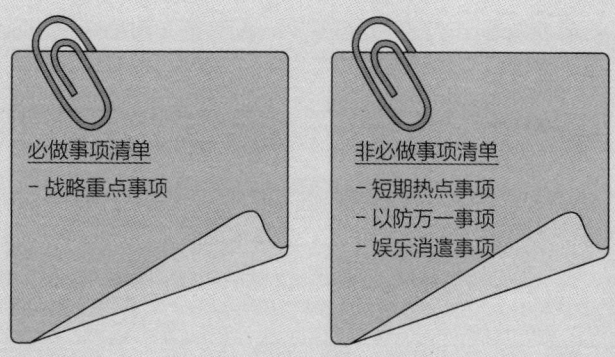

必做事项清单
－战略重点事项

非必做事项清单
－短期热点事项
－以防万一事项
－娱乐消遣事项

照着做

　　拒绝对你无所裨益的想法，将更多的精力和时间投入到值得做的事项上。

1.4 阐明你的问题

　　即使你清楚问题是什么，其他人也可能有不同的理解，这正是预期和结果出现偏差的原因。要尽可能地阐明问题，以防产生误解。

照着做

　　关注成果（＝结果）而不是输出（＝完成的行为）。

1.5 与利益相关者验证你的问题

　　当你孤军奋战或利益相关者参与过晚、无法做出有意义的改进时，最糟糕的决策就会产生。利用利益相关者的洞见、担忧和疑问，形成更受支持的问题表述。

　　额外的好处： 这么做还会使你在后续的决策过程中获得更多利益相关者的支持，从而加快决策进程。

在人们的决策如此糟糕的情况下，我们是如何登上月球的？答案是，个人虽无法成功登月，但美国宇航局却做到了。

奇普·希思（Chip Heath）

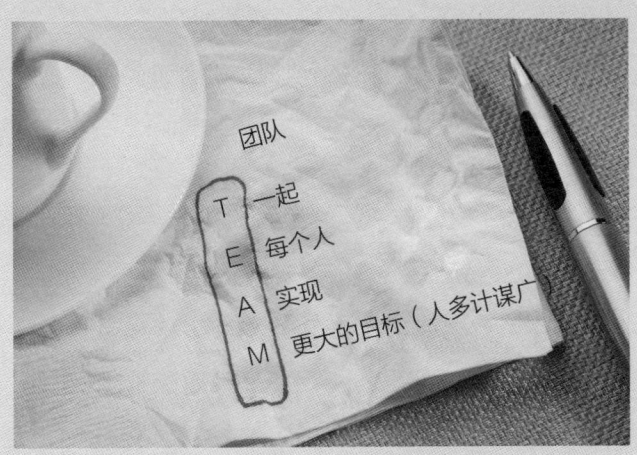

来源：123rf.com

照着做

找出持有异议的人，倾听他们关注的问题，承认并解决它们。

1.6 滤除问题和解决方案的偏见

我们都可能心存偏见，而且自己很难识别它们。进行简单的核查，识别和处理偏见，这样，你在任何情况下都能找准问题的关键。

照着做

可利用一个跨职能的小组从多个视角确认问题。

1.7 明确所有权和关键的角色

每个项目都有一个企业所有人来确保收益交付。通常情况下，项目的实施者被视为项目的企业所有人。项目完成后，其所有人通常会转向下一个项目。这能确保实施完成后，项目收益得到及时交付吗？找准问题对找准项目的企业所有人至关重要。

阶段：	创意探讨	商业案例＆审批	实施	收益交付
典型所有权：	项目推动者		项目经理	照常营业
价值交付的所有权：	项目的企业所有人			

照着做

可利用一个跨职能小组从多个视角确认问题。

参考文献

Heath C, Larrick R and Klayman J (1998). Cognitive repairs: How organizational practices can compensate for individual shortcomings. *Research inOrganizational Behavior,* 20: 1-37.

详解

1.1 先置身事外，了解问题背景

为什么

不了解问题背景就着手工作就如同不带地图去旅行，你会不知道自己身在何处，去往何方。不了解现实背景，许多人会忽略大局、错失机遇或一直纠缠于错误的问题。清楚地表达你对背景的看法，这一简单的行为会迫使你记录下一些事实和观察到的现象，这样，你就可以如旁观者一样更客观地看待你面对的局面。

当其他利益相关者不清楚你的计划会对他们优先考虑的事项产生何种影响时，他们很难认可你的计划。

知识简介

麦肯锡咨询公司研究了众多企业的特点和他们的决策记录后发现，在现实背景基础上做出的规划很有价值。没有任何战略规划流程的企业做出的决策，产生极差结果的概率是产生极好结果概率的 2 倍。

对施普林格自然公司的 CEO 德克·汉克的一段采访也说明了考虑外部因素的重要性。他说：

"在大动荡时期，我调查了制砖业的发展现状。一方面，小规模的传统企业使用烧制量很少的旧炉子；另一方面，现代型企业采购了最先进的设备，但由于无力支付利息，即将破产。解决方法是，现代型企业向传统型企业支付一笔费用以获得它们不再使用旧炉子的承诺。"

来源：windu/Shutterstock

这些设备先进的制砖厂最初投资时并没有考虑到这笔额外的费用。你可以把它视为一笔学费，因为你没有看到其他商家正以不同的方式对待同一市场，而且你忽视了利息对最低定价的影响。需要支付利息时，保持最低的运营成本不足以使企业实现盈亏平衡。此时，支付一笔额外的费用要比听之任之划算。

试着做

下次研究商业案例时，对自己提出以下问题。

- 为什么要分析当前的形势？

- 什么事件和趋势导致了目前的局面？

- 这样的局面之前出现过吗？

- 这对未解决的问题会带来哪些启示？

- 解决好它会有什么好处？

- 外部因素的哪些变化会缓解或加重问题？

提示

　　客观地描绘现实背景的全貌时，你面临的最大敌人正是你自己。要快速地改观，你就要征求同事的意见。让他们审核你的背景描述，问他们是否发现了任何隐藏的解决方案或遗漏的信息。

思考

- 你得到了什么启示？

- 你下次会如何做？

参考文献

"Het blijft lekker als mensen gewoon doen wat je zegt." ("It stays nice when people just do what you say.") Interview Derk Haank by Jannetje Koelewijn. NRC.nl, 24 October 2015. Translation: Jos van Rozen.

1.2 运用"五问法"找到问题的根源

为什么

如同疾病一样，消除导致麻烦的症状只是治标不治本，而且治疗不当会造成更大的问题。

知识简介

牛津大学曾对全球 5400 多个初始标价超过 1500 万美元的大型 IT 项目进行了调查。结果显示，平均来看，这些大型 IT 项目在运营过程中超支了 45%，最终交付的价值比预期低 56%。换句话说，这些项目的实际投资回报率只是预期投资回报率的三分之一。你下次在准备或审查待批项目时要记得这一点。

调查表明，产生这一结果的主要原因是目标不明确和要求多变。错把症状当问题对待时，由于不能从源头上解决问题，团队交付项目收益会非常困难。

试着做

下次界定问题时，运用"五问法"找到解决问题的办法。从你认为问题是什么开始，然后解释为什么（注意：这是第一个为什么）会产生这个问题。这个问题的答案是下一个"为什么"问题的基础。如此这般继续下去，直到找到根源为止。这通常需要你提出五个"为什么"。注意每个"为什么"可能有多个答案，每一个都需要你提出更多的"为什么"来进行探究。

提示

- 当你的答案涉及过程中断或行为改变时，你会意识到你已经找到了根源。

- 运用鱼骨图来拓宽你的分析视角并找到多个根源。

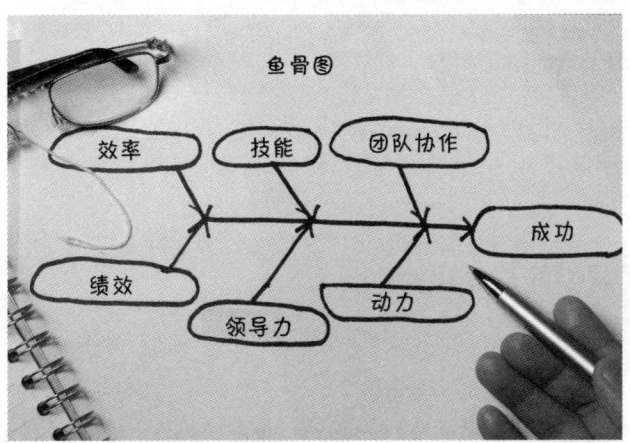

来源：RAGMA IMAGES/Shutterstock

思考

- 你得到了什么启示？

• 你下次会如何做？

> (空白框)

参考文献

Bloch M, Blumberg S and Laartz J (2012). *Delivering Large-scale IT Projects onTime, on Budget, and on Value*. McKinsey & Company.

1.3 了解你的战略重点

为什么

你本人和公司都会面临这一问题：任务太多，但时间太少。由于对战略重点无敏锐的意识，许多人和企业疲于应付。他们参与了太多项目，但其中的大多数虽紧急却不重要。最终，即使在最好的情况下，他们也只能将许多事情做到合格的程度，而不是把重要的事情做到最好。

知识简介

在管理学经典《从优秀到卓越》（*Good to Great*）一书中，吉姆·柯林斯探查了一些历史悠久的公司何以长期超越同行的原因。他的一个主要发现是：这些公司的战略重点很明确，而且公司的工作人员对它们有明确的认识。

当每个人都在做真正重要的少数几件事时，他们的行为就会互相支持。同时，对重要事项有明确的认识时，任何员工都能很容易拒绝令其分心的想法。这意味着要筛除不太相关的举措，这样的举措有可能发生在组织的任何级别，而并非高层管理人员专属。运用这样的"自我筛选"，可以避免花费无数的时间来整理商业案例和获得不适合组织的项目的支持，让你专注于有限项目的价值交付，这么做多么划算啊！

试着做

- 获取你的组织目前的战略重点目录。

- 若不存在相关记录，你自己编著一份。你可以通过这份战略重点目录确认企业两三个未来的利润源。

- 确认战略重点是保护、创造还是扩大组织未来的利润源。

- 告诉大家你为什么这样选战略重点，证明你具备获得理想成果的成功因素[1]。

- 尽早拒绝任何使工作偏离战略重点的想法，并向提出此类想法的人阐明拒绝的理由。

提示

要经常提及你的战略重点。根据战略重点审视自己的活动，而且在与他人的互动中要提及它们，这会加深他们对战略重点和统一行动的理解。

---

1. 成功因素：能使你成功地交付成果的因素，包括从可利用的技能、之前的记录到市场地位和知识产权等范围广泛的因素。

思考

- 你得到了什么启示？

- 你下次会如何做？

参考文献

Collins J (2001). Good to Great: *Why Some Companies Make the Leap and Others Don' t.* Random House.

1.4 阐明你的问题

"说清楚问题相当于解决了一半的问题。"

——系列产品发明家查尔斯·凯特灵[1]

（Charles Kettering，serial inventor）

---

1. 查尔斯·凯特灵因发明创造闻名于世，他的发明有很多，其中包括电子起动机、含铅汽油、制冷剂氟利昂、世界上第一枚航空导弹等。

为什么

解决方案的质量与我们拟解决的问题的质量成正比。解决问题的压力迫使你考虑问题的成因、重要性及其与业务其他方面的联系，这使你有机会理顺逻辑、质疑假设，并创建一个产生潜在绝佳方案的平台。

"如果我有 1 小时的时间来拯救地球，那么我会花 59 分钟时间确定问题是什么，然后再花 1 分钟时间去解决它。"

——阿尔伯特·爱因斯坦（Albert Einstein）

知识简介

问题陈述就是对需要解决的问题进行描述，它也可被描述为现状和理想状态之间的差距或者原则与实践之间的矛盾。问题陈述的最终目标是将一个不具体的问题转化为一个能被解决的、有针对性的、确定的问题。

在对问题的描述中，常见的误区有：

- 描述过于笼统，这会导致多种解释和原因错配。
- 描述过于具体，忽略了大背景。
- 解决方案"内嵌"于问题的陈述中。问题陈述的目的是找到最佳解决方案，如果解决方案已被问题陈述锚定，那么你会错失其他的创意。

试着做

为了使以后的问题陈述更出色，请你：

- 实事求是地陈述已经发生的或正在发生的变化及其对业务的影响。
- 要一般化到足以考虑一系列的替代方案。

- 要具体化到足以找到解决方案，并确定要重点努力的方向。

- 处理机遇问题时，要运用定向性术语，不要使用确切的数字。 例如使用"我们能增加数量"而非"我们能够增加 10% 的数量"。后者意味着你已经知道如何（解决方案）增加数量了。只有知道了解决方案时，你才会知道变化的幅度，但此刻我们还没谈到解决方案呢。

提示

从相反的视角看待问题，将问题描述成机会。这会令你对"常见"的问题产生一些富有创意的想法。

来源: DJM-photo/Shutterstock

思考

- 你得到了什么启示？

- 你下次会如何做？

1.5 与利益相关者验证你的问题

为什么

决策制定者和批准者是同一个人时，最糟糕的财务结果就会产生。到了涉及利益相关者的阶段时，一切都已成定局。当利益相关者说出他们的疑虑时，我们通常会认为他们是在拖延审批程序，而不是为了做出更明智的决策。

一旦问题陈述板上钉钉了，大多数人会自然而然地将问题视为既定的。然而，让其他人参与这一阶段会提高他们对项目的兴趣。早期的参与会使他们从一开始就做出有价值的贡献，说不定你能从中得到一个不同的解决方案，甚至还能得到一个不同的问题陈述。这也给了利益相关者了解你的责任担当和眼界的机会。你与利益相关者对问题的陈述越一致，你在后续的工作中得到的他们的帮助和支持就越多。

知识简介

一些公司的战略决策取得了令人满意的 [1] 结果，他们的管理人员对其决策流程评价颇高。从这些企业的报告来看，在结果达到或超过预期的项目中，有 2/3 的管理者鼓励积极的讨论，而在结果不理想的项目中，仅有 37% 的管理者强调了充分讨论的价值。

以下是成功企业的一些做法：

- 确保决策者掌握所有的关键信息；
- 倾听不同的意见；
- 即使高层管理人员可能会强烈支持，也要全面仔细地审核商业案例；
- 确保真正的创新思想能向上传达至高级管理人员。

来源：Yabresse/Shutterstock

---

1. "令人满意的"在这里是指"达到或超越预期"。尽管这个词有点消极悲观，但若你认识到一般的商业决策只能产生预期 1/3 的回报时，你就会发现这一标准还是合理的。换句话说，能"达到预期"就算相当不错了。

试着做

- 让利益相关者一开始就参与讨论，他们的观点能帮助你从不同的视角看待问题，这有利于你重视关键性问题并与支持者保持一致。

- 保持讨论过程简短。15 分钟的头脑风暴足以让你确认一切棘手的问题。在会议结束之前，讲清楚必须要回答的问题，以便你确定问题陈述。

提示

- 哪些人是重要的利益相关者，对此你要持开放的心态。随着时间的推移，这个群体可能发生变化。询问确定的利益相关者，他们认为哪些人应参与讨论，或者根据未解决的问题选择参与讨论的人。

- 有的公司同时运行多个项目，他们运用项目组合管理系统应对早期的利益相关者挑战。无论何时，只要启动新项目，所有部门的负责人都会收到一份警示，然后他们必须就是否支持正启动的项目、是否需要参与关键的项目决策进行表态。这是促使高层树立早期项目意识并提供支持的绝佳方式。

- 如果你的项目没有任何其他显而易见的利益相关者，你也可以从其他源头获得有关你问题陈述的支持。这是反省和改善思维的好方法。

- 就我自己的商业案例而言，我所信奉的经验法则是：增加视角能提高问题陈述的质量[1]。这一法则的价值如下图所示：

利益相关者视野越开阔，对问题的界定就越出色

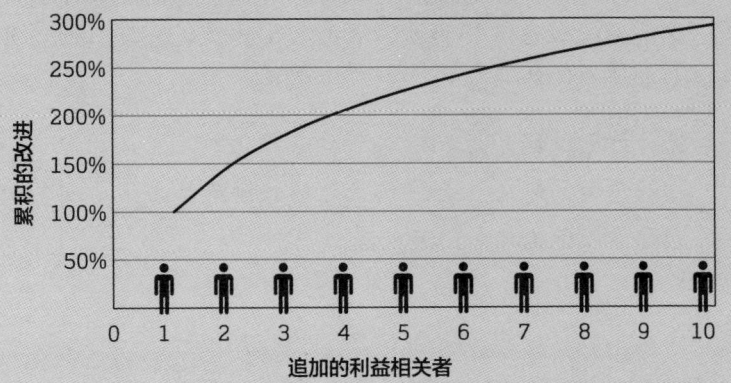

这意味着，只征求 1 个人的意见会使你预期的工作质量提高 1 倍，再征求另外 3 个人的意见能够达到同样的效果。征求六七个人的意见以后你会发现，新增的价值开始趋于平稳。注意，这只是一个指导性意见。如果前 7 个人只是顺着你的意思发表意见，那么他们的附加值是非常低的。记住，成功的公司都是这么做的：寻求替代性观点来增强说服力。

思考

· 你得到了什么启示？

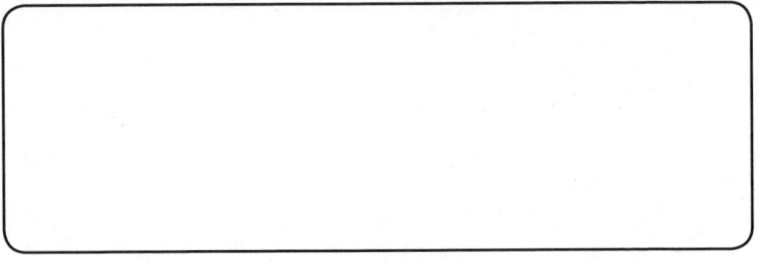

---

1. 这不是什么经验科学，只是我根据多年以来的经历总结出来的一点经验：要从多重视角考虑问题。

- 你下次会如何做?

参考文献

McKinsey & Co (2009). Flaws in strategic decision making.*McKinsey Quarterly,*January 2009.

1.6 滤除问题和解决方案的偏见

为什么

一般商业决策的结果低于预期,人们往往将其归因于不可预见的境况。这些境况大多可由偏见进行解释,因为偏见会改变你看待世界的方式以及决策时考虑的因素。要么是因考虑问题的背景因素不够全面导致了偏见,要么只是对解决方案有偏见,后者通常与为了适应解决方案而对问题进行"逆向工程"的操作结合在一起。

知识简介

对背景考虑不全面会滋生问题偏见,这是导致全球许多企业制定出最糟糕决策的罪魁祸首。你已经在内心认定了问题是什么,你对此深信不疑。对背景有共同的客观了解可以大幅降低问题偏见出现的概率。

偏见(Bias),名词,指支持或反对某人或某种模式的倾向或成见,特别指不公平的倾向或成见。

麦肯锡的报告也指出，在商业决策中，现代经济学中的"理性"这一基本假设并没有得到证据的支持。相反，许多决策是在玩弄权术、方案偏见和以偏概全的事实基础上做出的。换句话说，人们倾向于认可那些符合他们说法的事实，不会认可"真相、全部的真相和只有真相"。

实例

黄石国家公园位于美国怀俄明州，它幅员辽阔，是响尾蛇、野牛、灰狼和麋鹿的自然栖息地。从1994—2014年，这里的麋鹿从几万只下降到几千只。当地居民很快就指出，这是因黄石公园重新引入灰狼这一有争议的措施造成的。研究人员亚瑟·米德尔顿对黄石公园的麋鹿进行了长达五年的研究后得出了这一结论：麋鹿数量减少的原因有很多，其中重新引入灰狼这一天敌的影响相对较小。

来源：Kirk Geisler/Shutterstock

如果不对背景和事实做充分的调查，当地的居民很容易做出消灭灰狼的行为，将其作为阻止麋鹿数量减少的一种方法。米德尔顿总结说，这一做法对解决麋鹿数量减少问题无济于事。

试着做

　　情感影响和行业经验是造成偏见的重要因素。从理论上看，避免此类偏见的方法是保持足够的情感距离；但从实践来看，大多数人都难以做到这一点。可以使用核验表或鱼骨图[1]解决这一问题。使用它们能确保每种情况都得到同样的处理，而且还可作为审查的依据。或者，你也可以通过外人的视角审视你的状况，看看他们会针对你的问题陈述提出什么问题或意见。

实例

　　1985 年，英特尔公司发现自己处在了关键的十字路口。此时该公司正在开发和制造记忆芯片和微处理器。公司之前靠记忆芯片得以发展壮大，但日本的竞争对手在成本和质量上都击败了美国公司。而微处理器市场虽相对不发达，前景却很喜人。

　　英特尔没有足够的资源同时进军两个市场，而且锚定哪种产品的争论使公司内部四分五裂。许多老资格的经理都希望坚持他们最熟悉的记忆芯片业务。公司时任的领导人安迪·格鲁夫和戈登·摩尔左右为难，不知所措。直到有一天，格鲁夫向摩尔提出了这个问题：

- "如果有人接任了我们的职务，而且把我们赶走了，他们会做什么？"

---

1. 鱼骨图是石川馨先生（Kaoru Ishikawa）于 1968 年提出的一种因果图，用于表明具体事件的成因。鱼骨图常被用于产品设计和质量缺陷的防范中，用以确认导致总体效果的可能因素。每个缺陷的成因和理由都会导致偏差。为了确认这些偏差源，成因通常被归为几个重要的大类。因其状如鱼的骨架，故被称为"鱼骨图"。

- "退出记忆芯片业务。"摩尔回答说。

格鲁夫对此表示赞同，而且他建议，他们应带领英特尔公司放弃记忆芯片业务。这一简单的视角转变使他们获得了必要的心理距离，令他们采用了更加客观的方法并带领公司继续前行。

提示

- 偏见的种类有很多，若想核验你本人和同事有无偏见，请阅读 2.6 节的内容。要避免偏见，先要意识到偏见的存在。

- 注重成果（结果）而非输出（完成的任务）以避免解决方案的偏见。

- 注意参与问题界定的人是谁。如果你让工程师来应对局面，那么你会得到一个工程问题和相应的解决方案。这同样适用于其他部门。尽可能地广撒网，让多个部门参与进来，哪怕只是召开一个简短的会议也是可取的。

思考

- 你得到了什么启示？

- 你下次会如何做？

参考文献

Ishikawa K (1989). *Introduction to Quality Control*.JUSE Press Ltd.

Roxburgh C (2003). Hidden flaws in strategy. *McKinsey Quarterly*, 2: 27–40.

Wilcox C (2014). Why are Yellowstone's elk disappearing? *Discover magazine*, 18 April 2014.

1.7 明确所有权和关键的角色

为什么

关于所有权，有两点需特别说明。首先，它们涉及项目实施的所有权和价值交付的所有权。项目的实施者需要参与决策过程，在理想的情况下要尽早参与。这会让你获得一次免费的、非常有价值的对可交付性和所需资源的核查，而且当核查结果符合预期时，你成功和获得支持的概率会马上提高。

第二点涉及整个项目的所有权，这是交付决策损益（P&L）的所有权，而且所有权人通常是运营者，他或她需要亲自推进项目进度。项目所有人必定想知道项目进展如何，关键的要素是什么以及价值交付如何得到保证。所有权不明，项目难以顺利开展。

知识简介

私募股权业务比较成功是有原因的，其中的一个重要原因就是所有权明确。当人们知道自己责无旁贷时，必定会竭尽所能、不遗余力地确保冒险成功，这依据的是吉姆·柯林斯的观点。他在谈及"了解你的战略重点"这一主题时指出：卓越[1]的公司知道如何让员工对公司的业务发展方向及他们各自独特的角色树立正确的意识。当你的预期贡献明确时，接受所有权就变得容易多了。

试着做

- 运用这一简单的原则：除了最初的探索外，只有当项目所有人到位时，项目才算是有资源支持的。项目所有人对解决你确认的问题具有既定的运营利益，这至关重要。

- 在项目团队中树立和维持实现目标商业结果的意识。

提示

对于你制定的任何决策，你都要确保有明确的业务责任人来推进。提出这一问题有助于你了解业务决策的紧迫性和必要性。将你的决策与无需求驱动的业务关系的支持部门提出的解决方案进行对比。

---

1. 这里的"卓越"是指在较长时期内，公司的财务绩效达到了市场均值的几倍。

思考

- 你得到了什么启示?

- 你下次会如何做?

第 **2** 章

制定富有创意的替代方案

速读

2.1 替代方案不只是对照道具

　　为了使自己青睐的解决方案看起来合乎需要，人们常会滥用替代方案。两类方案的差异越大，这种情形就越明显。这是轻率的做法，而且可能忽略了替代方案给最终解决方案带来的价值。无论如何，你都不能轻易地抛弃自己未曾考虑过的想法。

来源:Peshkova/Shutterstock

"为了让光芒愈加绚烂，黑暗必须存在。"

——弗兰西斯·培根（Francis Bacon）

照着做

　　利用不同的资源提出至少两种替代方案。

2.2 寻求能提升你竞争优势的独特创意

大多数商业计划都是对现有观念的微小改进或更新，你要关注那些更可能令你从竞争中脱颖而出的创意。

来源：holbox/Shutterstock

照着做

树立解决问题而非验证解决方案的正确心态。

2.3 "跳出盒子思考"

你可能认为，只有少数思维天马行空的思想家才能提出奇思妙想。多思考思考，花一点时间确认当前形势下的制约因素，你只要对它们提出挑战就能获得新的洞见。

来源：安德鲁·沃德（Andrew Ward）/生活档案（Life File）/Photodisc公司

照着做

　　看看你的问题界定，筛选出潜在的制约因素。问题陈述在多大程度上内含了解决方案的条件？不同的措辞能否打开更多解决方案的大门？

2.4 关注大问题，寻找重要的解决方案

　　大问题的解决方案往往也能解决小规模或小范围的问题，它们的工作原理不一定相反。

来源：培生教育集团

　　"授人以鱼，只保一日之食；授人以渔，可保一生之食。"

　　［出自安妮·伊莎贝拉·萨克雷·瑞奇（1837—1919）的小说《戴梦得夫人》（*Mrs. Dymond*），在中国古代也早就出现了这句名言。］

照着做

　　将你的问题放大 10 倍后，你最初制定的解决方案仍适合吗？你能想到什么新方案？

2.5 为高效的头脑风暴制定明确的基本规则

　　绝佳的创意不是在孤岛上产生的，跨职能的头脑风暴可能快速、高效地产生新创意。为头脑风暴制定明确的基本原则，参与者能从头脑风暴中受益良多。

来源: vinzstudio/Shutterstock

照着做

　　说明公司决策时采用的实际标准。提出有针对性的、能让人们突破僵化思维的问题。选择能够回答你问题的参与者。

2.6 给替代方案一个真正公平的机会

你在付出了大量的辛劳后得到了一些独特的创意，不要陷入对比谬误的泥潭，不要因其他偏见而前功尽弃，要为替代方案设定明确的筛选标准。

来源：Kriso/Shutterstock

"我们背负着自己锻造的枷锁。"

——查尔斯·狄更斯（Charles Dickens）

照着做

让某些人扮演"魔鬼代言人"的角色，对问题和提议的解决方案的优点提出质疑。

BAD：差的
GOOD：好的

来源：iQoncept/Shutterstock

2.7 继续优中选优

"替代的"（alternative）一词本身就意味着二中选一。

突破思维定式，打破互相排斥的神话。从每个想法中挑选出最好的部分并将它们整合，形成超级有效的建议方案。

照着做

形成替代方案时，要特别留心"低成本"和"无成本"方案。这样的方案特别适合并行实施，而且可能激发出一些创意火花，形成更加资源密集型的解决方案。

HARIA：修改

来源：123rf.com

来源: Silberkorn/Shutterstock

　　从非此即彼、二择一的思维转变为两者兼顾、优势互补的思维。

来源： Lissandra Melo/Shutterstock

详解

2.1 替代方案不只是对照道具

为什么

替代方案是非常有价值的，这正是大多数组织在其商业案例中评估替代方案的原因。不幸的是，它们的作用常被低估，仅被用来辅助证明选择某个青睐的解决方案的合理性，这样，替代方案的优势得不到充分的利用。

从某种程度上说这是可以理解的。大多数项目都是从重新设计某个问题的解决方案开始的，人们通常没有多少时间对其他替代方案进行深入的探究，而且，当已经获得了一个完全可行的方案时，再深究其他方案似乎是荒唐的。从这个角度来看，商业案例中的替代方案部分变成了一种在方框中打勾的练习。也就是说，当决定了拟推荐的方案时，纳入其他潜在的解决方案只是为了从形式上证明当事人完成了尽职调查。但要注意，你永远不能抛弃你未曾考虑过的方案。你的选择范围越广，你可能的选择就越多。[1]

知识简介

注意：在日常用语中，"替代方案"（alternatives）常与"备选方案"（options）交替使用。为了实现卓越的决策，我们再次申明这一点：提及可能的解决方案时，我们指的都是"替代方案"。这样，我们就可以将

---

1. 说明：多不见得总是好事。一些问题的优秀解决方案比其他问题少，找到两种优秀的解决方案要比四种平庸的方案强。

"替代方案"视为风险管理工具术语。[1]

奇普和丹·希斯在《决断力》(*Decisive*)一书中谈及替代方案在成功的商业决策中所发挥的作用时，指出了两个非常具有启发性的研究结果：首先，无论是盈利性的还是非盈利性的组织或公共部门，他们都对自己的选择余地一无所知。70%的组织在处理问题时与青少年没什么不同，他们的主流思维模式是"我该不该做？"而不是"（对此）我该怎么做？"。从成功的决策角度来看，与"做与否"的决策相比，考虑多种替代方案能够显著增加价值。对德国一家中型私人技术公司的决策记录进行的一项跟踪研究表明，考虑两个替代方案时，产生良好决策的概率是"做与否"决策的 6 倍。如果我们把"良好"的标准界定为结果"符合或超过预期"的话，想象一下，1.2 节中牛津大学研究的那些项目的回报会比之前高出多少啊！

换句话说，替代方案具有实实在在的价值创造潜能。

试着做

问自己下列问题：

- 我的替代方案是真正的替代方案还是只是我青睐的解决方案的变体。

审视更多的替代方案：

- 低成本的解决方案是什么样的？

- 有无替代方案能够解决部分已确认的问题？

- 视角更广阔的解决方案是什么样的？

---

1. 见第 6 章。

- 问题界定是否暗含了限制性条件?

查看替代方案表,它是否激发了你更多的创意?

提示

- 在这一领域获得创造性结果的绝佳捷径是用"二者兼顾"思维替代"二择一"思维。

- 替代方案所产生的价值是高是低,要看你投入了多少精力将一系列你在意的、富有创意的替代方案整合在一起。整合过程通常要比人们想象的容易。只要尽力就好,即使只多考虑一种替代方案,也会对你大有裨益。

思考

- 你得到了什么启示?

- 你下次会如何做?

参考文献

Gemünden HG and Hauschildt J (1985). Number of alternatives and efficiency in different types of top-management decisions.*European Journal of Operational Research*, 22: 178-190.

Heath C and Heath D (2013). Decisive: How to Make Better Choices in Life and Work. Random House.

Nutt PC (1993). The identification of solution ideas during organizational decision making. *Management Science*, 39: 1071–1085.

2.2 寻求能提升你竞争优势的独特创意

为什么

大多数商业计划都是对现有观念的微小改进或更新。一些非主流项目通常会产生微薄的收益，它们能坚持下来靠的就是独特的创意：可能是独特的产品，也可能是生产、交付产品或交付其他好处的独特方式。关注独特的创意，你就获得了在市场上拓展空间的好机会。

知识简介

解决问题与验证方案

大多数项目在启动时已有了一个解决方案。大量的工作都被用来证明项目获批的合理性。意愿良好和回报体面时，从明面上看，利益相关者会得出这样的合理结论：他们看到的必定是正确的答案。

真正去找寻时，找到一个独特答案的可能性会大幅增加。

——可口可乐加拿大公司总裁比尔·舒尔茨（Bill Schultz）

然而，寻找替代方案的动力来自两个方面。首先，你找到的替代方案越多，你得到更优秀的答案的可能性就越大。我说的是可能，以后我会对这一点进行说明。另一个更重要的方面是，当你把精力从验证方案转向真正地解决你所面临的问题时，讨论的内容会发生变化，参与的人员也可能改变。

你如何界定问题决定了你的替代方案的范围

通常情况下，当你的重点从验证方案转向解决问题时，你的视野会拓宽，并为新境界的解决方案敞开了大门。这凸显了这一观点的正确性：

实例

　　有一家包装食品企业销售罐装食品。由于罐装生产线不足，负责供应的工厂经理建议上马一个扩大罐装生产能力的项目。采购经理在经过方方面面的考虑后，建议将罐装工序外包以避免新投资。

　　听到这一建议后，产品经理意识到，公司的销售量一直是靠低价策略推进的，转向更高的溢价策略可能使销量增长放缓，但会产生更多的利润（避免了更高的外包成本或投资需求）。此外，负责产品组合和包装类型绩效的营销经理们还分享了他们的见解：对于其他比听装更方便的包装类型（如玻璃瓶、小袋、纸箱等），企业仍有充足的生产能力。

你如何界定问题决定了你的替代方案的范围。

不懈的努力

之前我们提到，你获得的替代方案越多，你得到更优秀的答案的概率就越大。唱反调的人可能会反驳说："如果我们一开始就找到了最佳答案呢？"

从我多年的工作经历来看，我敢说这种情形很少发生，原因很容易解释。当我们让那些需要解决方案的人参加脑筋急转弯挑战时，他们找到一个解决方案时通常会松一口气，肢体语言也会出现这样的变化：身子往后倾斜。

> "竞争始于我们停止寻找时！"
>
> ——比尔·舒尔茨

当我们鼓励他们深入挖掘以找到更多的解决方案时，他们就会恢复到之前的工作状态。而且，有趣的是，他们会一直寻找下去。更有趣的是，最巧妙的解决方案最终会出现。大多数时候，人们在回顾整个过程时，都无法想象能在早期就提出较为精妙的解决方案。人们最初获得的是实施有难度的方案，最终获得的是看似不可能实现的方案。换句话说，大多数时候，寻找解决方案是一个坚持不懈的推进过程，提出最佳解决方案的人是获胜者。[1]

这种对模式认知偏见的信赖[2]已得到了历史的证明。电子制表软件并非微软的发明，微软只是做了些改进而已。汉堡也不是麦当劳的首创，麦当劳只是发现了大规模销售汉堡的明智方法。[3]山姆·沃尔顿没有发明自助折扣店，他只是热衷于学习他人，在沃尔玛商店中积极地运用了这种洞察力而已。

考虑竞争优势

在《竞争优势》（*Competitive Advantage*）这一经典巨著中，迈克尔·波特指出了差异化、成本领先和集中化战略对企业确保竞争优势

---

1. 注意，这里的"最佳"最终要由市场来判定。20世纪80年代的录像带格式之战就是很好的例子。当时技术性能更优越的Betamax格式输给了VHS，就是因为成本和录制时间是决定消费者购买与否的关键因素。
2. 见2.6节。
3. 1994年4月，麦当劳销售的汉堡数量超过了990亿，自此以后，该公司不再计算出售的汉堡数量。

的重要性。从本质上说，竞争优势为这一问题提供了答案："为什么客户购买时应看重经营而非竞争？"

从历史上看，随着时间的推移及商品的同化，许多企业会开启价格竞争。但随着差异化的增大和利基战略的推行，这种情形已发生了变化。即使是高度大众化的市场，如农产品或矿产品，都可能通过服务、质量或创新的差异化获得市场溢价。一个绝佳的范例是小胡萝卜的创新：之前不合格的胡萝卜会被扔掉，但后来这些胡萝卜被切成了特殊的形状，变废为宝，成了高收入的来源。

通用电气前董事长兼首席执行官杰克·韦尔奇曾说："若没有竞争优势，你就不要去竞争。"

制定替代方案时要考虑竞争优势，确保任何替代方案不仅能解决一个问题，还能维护或增强公司的竞争优势。换句话说，一个项目够不够好，试金石就是看它能否制定出制胜市场的解决方案。

实例

企业通常会花费数百万英镑来"保证"他们在市场竞争中长期获利。

下图中的 A 公司正考虑一项能够降低 15% 成本的投资计划，尽管成本降幅很大，但如果竞争对手本来就具有 45% 的成本优势，那么这项投资只会使 A 公司的处境更差。一旦投资完成，公司就得在可预见的未来坚持这一方案，同时还要赚钱来回收投资（请注意 A 公司的折旧是如何增加的）。同时，竞争对手几乎可确保享有竞争优势，A 公司则代价惨重。

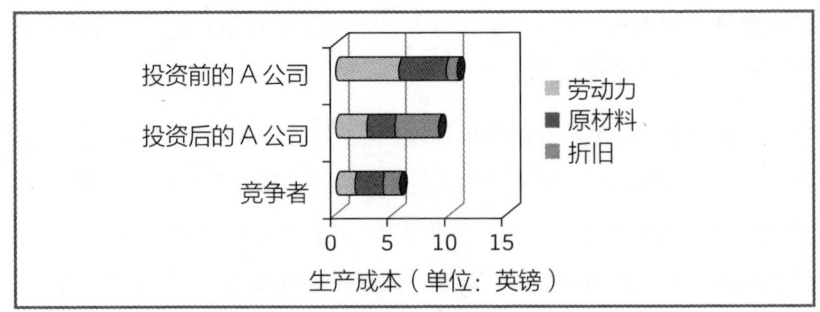

生产成本（单位：英镑）

试着做

- 当客户购买你的产品或服务时，要根据客户能带来的价值细分市场，即使在制定不直接面向市场的替代方案时也要这么做。

- 根据市场细分，评价市场参与者的竞争优势。

- 确定可在多大程度上维持现有的竞争优势。

- 确认这对解决方案聚焦的领域和潜在方案的最低要求意味着什么。

- 在这一框架内制定替代方案。

提示

设想你此刻正进入某个市场。作为新进入者，你得一切从头开始。运用已知的市场和行业知识，描述新进入者在一段时间内如何打乱市场并成为领先者。

这一练习会让你更加明确市场上的"交战规则"，它可能揭示出一些令人不快的真相，但这正是你需要的。自己揭示真相要比竞争对手为你揭示真相好得多！作为在位企业，运用这些见解形成能够提升你竞争优势的独特创意。

思考

- 你得到了什么启示?

- 你下次会如何做?

参考文献

Porter ME (1985). *Competitive Advantage: Creating and Sustaining Superior Performance.* Free Press. See http://www.carrotmuseum.co.uk/babycarrot.html#full.

2.3 "跳出盒子思考"

为什么

一旦你确认了从竞争中脱颖而出所需的独特创意,你面临的问题就变成了如何得到这些创意。可利用的一个经典方法是"跳出盒子思考"。很多人认为它是少数思维天马行空之人的专属,另一些人则认为它只是转移注意力的话题。这两种观念都是错误的,我们从后一种观念谈起。

实际上,"跳出盒子思考"这一方法很实用,可被应用于日常生活和工作中。就好像你正处于困境时,有新人参与进来一样。他们能够看到与你所看到的不同的东西,这有利于解除危局。由于不受历史、习惯和假设(这些都是常规的制约因素)的束缚,他们的视角能够使你想到以前所忽略的事物。这也说明,在他人的帮助下突破常规束缚要容易得多。

人们也经常高估这一思维的独特性。事实上,每个人都能跳出盒子思考,关键在于,一旦确认了自己的思维束缚,你就要突破它们,从更广阔的视角看待局势。说白了就是要认识和摒弃认知的限制性因素,最终获得新的见解。

知识简介

人们通常认为,"跳出盒子思考"这一术语源于 20 世纪 70 年代和 80 年代的管理咨询行业,当时的咨询师们运用九点谜题(nine-dot puzzle)来鼓励客户们运用横向思维思考问题。

这一谜题提出了一个智力挑战(如下图所示)。解开这个谜题很容易,但需要在九个点确定的方形区域之外划线。"跳出盒子思考"是解决方案战略的重述。当人们在点阵列的边缘设想出一个边界(即"常规")时,这个谜题似乎就难以解开了。问题的核心在于人们通常所感知的未指明的障碍。

九点谜题。这个谜题的目标是,用不超过 4 条的直线将 9 个点连接起来,且要一笔连成,不可重复画线。

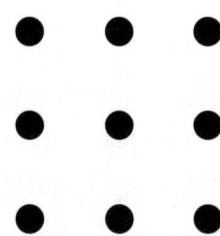

这同样适用于商业环境。指明任何感知的（或隐含的）障碍会使问题具体化并对问题的可靠性提出质疑。很多时候，留意障碍这一简单的行为就能拓宽人们克服障碍的思路。

试着做

- 与问题的利益相关者举行一个简短的工作会谈，大多数情况下半小时就足够了。

- 请每一位参与者提前列出他们认为的解决问题的限制和条件。

- 听取所有利益相关者的意见和解释。可在这一阶段要求各方澄清问题，不要进行批评或反驳。

- 会议结束时，总结一致认可的限制和可靠条件。

- 将这些成果作为有组织的头脑风暴的前提条件（参见2.5节）。

提示

- 和别人一起工作更容易确认你的"心理盒子"。尽可能地让他人参与讨论，不管时间有多短，他们的意见都是有益的。

- 对于需要自行解决的问题，你要去一个不受打扰的地方进行处理。可以自言自语，说出心中所想的一切，不要拘泥于直觉、猜测、妄想、图像、计划或目标。记下关键词后就进入下一步，不要过分纠结。检查你的决策，然后具体化你的"心理盒子"。

- 尽管"跳出盒子"是个很好的观念，但是，当你确认了自己的"盒子"并跳出来后，不要自满，因为总是会有其他"盒子"存在。如果改变挑战规则，只允许用3条线将所有的点连接起来，那么纸的边界就构成了一个"盒子"。如果只能用一条线呢，能覆盖9点（或点的一部分）的笔尖的大小就成了边界。看到这里你是否已坐立不安了？

思考

• 你得到了什么启示？

• 你下次会如何做？

参考文献

Fleck JI and Weisberg RW (2004). The use of verbal protocols as data: An analysis of insight in the candle problem. *Memory & Cognition,* 32(6): 990-1006.

2.4 关注大问题，寻找重要的解决方案

为什么

请记住，我们仍在寻求有助于创造、维持或提升我们竞争优势的独特创意。"跳出盒子思考"能帮助我们开拓视野，同时值得考虑的问题是，我们在制定解决方案的过程中是否受到了问题界定的限制。注意，此时我们不是在质疑我们是否在处理正确的问题，那是第 1 章的内容，我们只是在问自己，如果涉及的问题更大的话，解决方案会是什么样的。

知识简介

我们在本节中将集中运用截至目前提出的一些概念。我们如何确定问题的背景为我们设定了第一个心理框架。这个心理框架越大——假定它是重要的和可管理的——我们考虑大问题和潜在解决方案的空间就越大。我们可能不会老是想着解决最大的问题，那不是重点。运用这一方法的价值就在于能够确认可能被遗漏的解决方案。次要的好处是，它有助于你从一开始就思考，你处理的问题在多大程度上优先于你认定的其他重要事项。

实例

在《杰克·韦尔奇自传》(*Jack: Straight from the Gut*) 中，通用电气公司前总裁杰克·韦尔奇说，通用的许多业务部门都宣称自己成了所属市场的佼佼者。韦尔奇在任时，通用公司的一条金科玉律是，各项业务要么成为市场上数一数二的领头羊，要么退出通用集团。一位局外人对此评论说，这样的导向导致通用的许多业务部门以自己明显占主导优势的方法界定市场（注意：这是心理盒子在作祟）。获悉这一评论后，通用的一切都改变了。

换句话说，这些业务部门在它们自己制造的幻觉中居于领导地位。但之后，通用各业务部门面临的挑战改变了。他们对所有市场进行了重新界定，这样，没有一家企业的市场份额能超过 10% 了。他们在此基础上制定了如何成为各自市场上起决定性作用的领导者的商业计划。他们的思维模式发生了彻底的改变，最终不仅提高了市场份额，还在多个领域实现了增长。

试着做

- 无论你的问题是什么，将其放大 10 倍，然后集思广益，为放大后的问题制定可能的解决方案。这会导致新创意产生吗？这些策略也适合解决当前的小问题吗？运用它们能实现你的什么目标？

- 如果你花了两倍的钱，你会做什么？与之前相比有什么不同？价值在哪里？（人们常常以不切实际为由回避这一问题，因为大多数公司都想以最低的成本完成工作。我对此的反驳是，如果这么做产生的创意能带来更多的投资收益，何乐而不为呢？当然，前提是组织有足够的财力和人力使项目获得成功。）

- 整体观：考虑它如何成为更宏大的问题的一部分。当财务上可行的解决方案很难获得时，这可能意味着基础业务活动的长期可行性是值得怀疑的，此时是否应考虑逐步减少这些业务了？

- 或者这可能是一个规模问题。你能否以扩大规模的方式来验证投资的合理性？

实例

　　2014 年 9 月，位于荷兰蒂尔堡市的四家工业企业宣布合资兴建一个共享的可持续污水净化装置。这一项目建成后每天可处理污水约 1000 万加仑（约 38000 立方米）。联合污水处理项目给该市带来了一些好处：新装置能耗较低，净化后的废水可被排入当地的运河。联合运营公司还考虑未来在该区域内开展水资源再利用或其他可持续活动。

　　联合运营公司还将考察能否利用创新技术将净化过程释放的污泥加工成沼气。由于四家公司的废水实现了自行净化，蒂尔堡市公共污水处理厂的生产力得以释放，该市的公共净水扩建项目因而被推迟。此外，四家公司的废水处理成本大大降低。四家公司所排废水中的不同物质（四家公司分别生产食品和饮料、胶片和香水）为实验更高效的净化手段提供了机会，当地的水利局也参与了这一项目。尽管这意味着水利局的污水处理收益会减少，但社会效益是巨大的。除了利于可持续发展外，当地的水质得到了改善，可用水量也增加了。

提示

　　可从相反的思路领会本节的主旨：将大问题分解成小问题。这有助于你明确解决当前问题的意义。如果你已经明确这一点了，你是否获得了有关潜在替代方案的任何线索？

实例

　　一家制造企业正打算投资 5000 万美元启动卡车更新计划。企业用这些卡车将产品从工厂运送到配送中心，然后再运送给客户。做出更换全部卡车决策的依据是车队的平均年龄。但企业调查后发现，亟须更换的和涉及最赚钱业务的卡车仅占计划更换卡车的 10%。也就是说，企业只要投入 500 万美元就可以满足业务需求，而且可以根据剩余使用年限和运载能力重新分配现有的卡车。新方案的另一大好处是，取消其他卡车的更换防止了将资金配置于非增值活动，这相当于节省了一大笔资金！

来源: Dudarev Mikhail/Shutterstock

思考

• 你得到了什么启示？

- 你下次会如何做？

参考文献

Welch J with Byrne J A (2001). Jack: Straight from the Gut. Warner Books.

For details on the waste water example, see: https://www.google.co.uk/
url? sa=t&rct=j&q=&esrc=s&source=web&cd=3&ved=0ahUKEwikr5WKjI7LAh
VJtRQKHRxyDcEQFggsMAI&url=http%3A%2F%2Fwww.cocacolanederland.
nl%2FbuildPDF.aspx%3FPDFID%3D373&usg=AFQjCNFvOvervlSyH3fksRC6
m1RLQylgyA&sig2=H30dge DRGCBaeNRKkYUmMQ&cad=rja

2.5 为高效的头脑风暴制定明确的基本规则

为什么

绝佳的创意不是在孤岛上产生的，跨职能的头脑风暴可能快速产生很多新创意。参与者需要了解如何才能充分利用头脑风暴。为头脑风暴制定明确的基本原则，参与者能从头脑风暴中受益良多。

知识简介

在《脑力驾驭》（Brainsteering）一书中，凯文和肖恩·柯尼揭示了头脑风暴的秘密和谬误。通常情况下，组织者将一群随机选定的人关在一间屋子里，告知他们要突破常规思考，而且提醒他们谁都不会有糟糕的想法产生。

来源: Pressmaster/Shutterstock

运用不当时，参与头脑风暴的人可能提出很随意的想法，其产生的成果很有限。限定探讨的领域会大大提高头脑风暴的成效。

试着做

- **了解实际标准。** 了解公司对头脑风暴产生的创意做决策时依据的实际标准，有无绝对的限制或条件？

- **提出正确的问题。** 这些问题应该迫使参与者从新的或不熟悉的视角思考问题，它们还应该明确地界定你的团队将要探索的概念空间。换句话说，这些问题要让人们意识到寻找解决方案时面临的"心理盒子"。

- **挑选能回答你问题的人。** 这显然很合理，参与者受到邀请通常是因为他们在组织中的位置而非他们掌握的特定（第一手）知识。

来源：Panic Attack/Shutterstock

- **分而治之。** 召开短时会议并将参与人分组（3~5 人一组），以此促进参与人做出积极的贡献。让他们在半小时内专攻一个问题。要把各个小组里像老板一样的思想粉碎者、"大嘴巴"和学科专家隔离开来。

- **事先让参与者知道这一可能性：** 他们所在的小组也许只能对每个问题提出两三种有价值的想法。事先明确这一点能预防参与者变得气馁。

- **列出总结性清单。** 让每个小组筛选出最出色的想法，并与其他小组进行分享，然后形成最终的意见。要让所有人都清楚最终胜出的想法是如何选定的以及他们获知最终结果的途径。

- **实现快速跟进。** 事先向高管通报选择标准，以便迅速采取后续行动。一个特别的激励因素是，确保将任何决策（包括拒绝的决策）明确地解释给参与者。

来源: abimages/Shutterstock

提示

　　利用好头脑风暴的机会，绝对做好会议前的准备工作，要有正确的指导和背景设置，这可以让参与者迅速产生新的见解和创意。搞砸了的话，你不仅失去了这次机会，还打击了参与者未来参与此类会议的积极性。所以，你能没有压力吗？

思考

- 你得到了什么启示？

- 你下次会如何做？

参考文献

Coyne KP and Coyne ST (2011a). *Brainsteering: A Better Approach to Breakthrough Ideas.* HarperCollins.

Coyne KP and Coyne ST (2011b). Seven steps to better brainstorming. *McKinsey Quarterly,* March 2011 (adapted).

2.6 给替代方案一个真正公平的机会

"始终保持建设性的不满。"

——可口可乐公司总裁兼首席执行官穆泰康（Muhtar Kent）

为什么

当你走到这一步时，你已克服了很多麻烦，获得了一些解决当前问题的独特想法。要获得能提升你竞争优势的解决方案，你面临的最大敌人是偏见。偏见会影响任何筛选创意并提出建议的人。我们通常能够意识到其他人的偏见，却无法发现自己的。要提前设定评估标准和角度，为后续的筛选去除最明显的偏见。

知识简介

大脑可能是理性决策的欺骗性向导。在《思考：快与慢》（*Thinking, Fast and Slow*）一书中，丹尼尔·卡尼曼解释了大脑如何通过快捷方式保持能量的机制：无论何时，只要大脑认为某种做法可以节省能量，它就会那么做。对替代方案做出决策和自觉地进行思考都是非常消耗血糖的活动。难怪我们的大脑会尽可能地减轻负荷，这导致了无数的快捷方式产生。

有无数的文章和书籍讨论过可能妨碍我们公平对待替代方案的偏见。我个人喜欢麦肯锡的丹·洛瓦洛和奥利维尔·希伯尼的大作，他们将这些偏见总结为以下5类：

（1）行动导向的偏见——导致欠考虑的行动。

- 对结果过于乐观；
- 对影响未来的能力过于自信；
- 在计划中忽略了竞争对手的反应。

来源：123rf.com

（2）利益偏见——因相互冲突的激励和联系导致

- 错配的个人激励促进了对子公司观点的支持，但却牺牲了公司的整体利益。
- 个人不恰当地依附公司人员或（遗产）要素，造成了利益的错配。

- 对企业目标及它们之间相对重要性的认知错位。

（3）模式认知偏见——即使不存在任何关联的情况下

- 证实偏见：过于重视与偏爱的理念相一致的证据；
- 以实例进行管理：推广从最近的或难忘的例子中获得的管理经验；
- 错误的类比：将不能直接比较的情况进行比较，并信赖其比较结果；
- 讲故事：讲述连贯的故事时，倾向于记住更容易相信的某些事实；
- 冠军偏见：喜欢根据建议人以往的记录而非事实评估计划或提案。[1]

来源：Sergey Nivens/Shutterstock

1.《决断力》一书就讲述了一个典型例子：桂格（Quaker）的 CEO 威廉·史密斯伯格（William Smithburg）让董事会批准了收购斯耐普（Snapple）的计划（1994 年以 18 亿美元收购，三年后以 3 亿美元卖出），依据就是他 10 年前非常成功地接管了给他力（Gatorade）品牌。他们在商业案例分析中忽视了一个事实：斯耐普公司的变化态势与给他力的截然不同。

（4）求稳偏见——面对不确定性的趋势时偏爱按兵不动

- 锚定和调整不足。认定初始的价值不变，导致对后续估算的调整不足；
- 厌恶损失。与相同数量的收益相比，对损失更为敏感，这使得我们对风险的厌恶超过了合理的程度。
- 沉没成本谬误。考虑未来的行动时关注不可回收的历史成本。
- 保持现状偏见。没有改变现状的压力时，偏好维持现状。

来源：ARTSILENSE/Shutterstock

（5）社会偏见——喜欢和谐，不喜欢冲突

- 思维趋同。致力于达成一致意见，代价是对替代行动方案无法进行实事求是的评估。
- 向日葵管理：群体的观点与领导的观点保持一致，无论领导的观点是明确表达的还是人们猜测的。

来源: Vasyl Dudenko/Shutterstock

试着做

请少安毋躁，本节安排的内容有些偏多，但我有充分的理由这么做，我希望你能理解这一点。你如何防止强大的大脑开启快捷模式？答案看起来很简单：按照同一标准认真评估所有的替代方案，一视同仁、严格把关。验证是否做到，看起来与领导的观点保持一致的判断起来相对容易，但我们如何确信用以评判替代方案的标准不受偏见的影响呢？

这个问题并没有完美的解决之道，但遵循下面这些方法将对你很有帮助：

· 在着手寻求问题的解决方案之前，根据拟解决问题的特性确定筛选标准。要区分两类不同的标准。

· 首先，明确"必须符合"的标准。这可能是二择一的审查，也可能以最大 / 最小分值来度量的指标。运用这样的标准，你能够评估任何替代方案是否有资格成为潜在

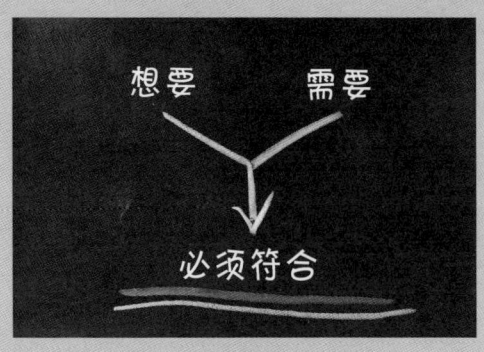

来源：（Raywoo）/Shutterstock

的解决方案。

- 其次，确定能够帮助你的比较合格的替代方案标准。它们可能是最好具备的方面，也可能是分值变化的相关指标。就任何可衡量的特质而言，要为潜在解决方案的分值设定可接受的范围。对于某些指标，超过阈值或者低于最高值可能具有一定的意义，这样的指标也是可接受的。无论哪种情形，都要在三思后设定标准。

可运用 2.5 节中提及的头脑风暴法完成这项工作。

在寻找潜在的解决方案之前先设定标准，这样做有充分的理由：可以减少偏见作祟的概率，使你选择的筛选标准能够支持特殊的解决方案。虽然理论上很不错，但有时候，你是因为某个潜在的方案在前方等着你，你才开启了整个旅程的！这意味着偏见已经在影响你了。为纠正这一点，即使你没有以解决方案作为出发点，你也要反复确认自己是否存有偏见。确定了诸多的潜在方案后，你要审查它们解决问题的能力以及潜在的副作用和可能产生的意外后果，这可能会使你增加之前被忽略的标准。

来源：123rf.com

批评者可能会说，这样做可能会纳入给某些替代方案带来不公平优势的标准。这一批评是完全有道理的，因此，我要在这里澄清一下，我们想要的是对企业而言最佳的解决方案，如果一个替代方案实现的利益多于我们的预期，那么，它就应被纳入评估。同样，如果一个潜在的方案符合所有标准，但可能在组织的其他领域产生意想不到的后果，这样的方案也需要得到承认。最终的选择仍然要根据企业是否最需要、能否承受和能否实现进行权衡取舍。总之，你了解的信息越多，你做选择的条件就越好。

有时候，你可能提出一个成本较高的解决方案，但它可能对整个企业更有利；而另一些时候你可能发现，只需要付出预期成本的一部分就能获得大部分所需的收益，而且这种方案带来的其他好处还不少，2.4节中的卡车更换就是一个好例子。

- 让某人或大型项目的一个团队去证明一个项目不应该继续推进，就相当于让他或他们扮演"魔鬼代言人"的角色。让他们集中精力对问题的紧迫性或重要性提出质疑，或者对所提方案的优点提出质疑。一开始就意识到重大的偏见能给决策过程带来平衡，降低偏见的影响。[1]

· 只要有可能，就要用成本和收益分析法来评估对你最有吸引力的替代方案。这里需要注意的是，这样的分析可能会忽略部分解决方案的影响。这可能是由于关注点太过狭隘所致，也可能是因为人们觉得不应该或不能量化"软性"成本和收益所致。我曾无数次听到过这样的观点：尽管一项解决方案的经济效益很差，但它是企业必须要做的战略性工作。这并不能成为企业不尽力去量化成本和收益的理由。[2]毕竟，若一项战略不能带来收益，它就无法长久维持下去。

提示

· 谨慎看待利弊得失的比较。[3]这种方法简单易行，因而常被人们使用。尽管运用这一方法能很快列出利弊，理解起来也容易，但就给予替代方案真正公平的机会而言，它给人一种虚伪的感觉。由于下列因素，这一方法很容易导致偏见的产生：

· 比较往往是随意的，标准也不一致。

· 往往缺乏对最终比较的完备性的核验。

· 使用者隐含地假定，每一个支持或反对的意见都具有同等重要性。

▶

---

1. 也见 5.4 节的内容。
2. 相关的成本收益分析技巧超出了本书的范围，感兴趣的读者可以查阅期望值计算方法、角度分析（Point of View）和结果范围（Range of Outcomes）。
3. 早在 1772 年本杰明·富兰克林就将其记载为"道德代数"。

来源: woaiss/Shutterstock

- 偶尔，对一个替代方案的支持可被解释为对另一个替代方案的反对。

- 避免给筛选标准分配权重，除非你能证明权重的可靠性。尽管赋予权重确实有助于保证关键因素得到适当的考虑，但大多数权重通常是由专家组或公司管理层确定的，这些群体通常会受到趋同思维（偏见）的影响。

  此外，权重常被用来量化"软性"收益或战略方面的指标，这容易使人们对既定解决方案的适宜性得出错误的结论（参见上文"试着做"的最后一段内容）。

思考

- 你得到了什么启示?

- 你下次会如何做?

参考文献

Kahneman D (2011). *Thinking, Fast and Slow*. Farrar, Straus and Giroux.

Lovallo D and Sibony O (2010). A language to discuss biases.*McKinsey Quarterly*, March 2010.

Roxburgh C (2003). Hidden flaws in strategy. *McKinsey Quarterly*, 2: 27–40.

Sellers P (2012). Muhtar Kent's new Coke.*Fortune,* 10 May 2012.

2.7 继续优中选优

为什么

很多时候，潜在的解决方案会在不经意间被视为互相排斥的，特别是当它们非常相似时。然而，大多数时候，很少有人能阻止你像一个在糖果店的小孩子那样拿起所有喜欢的东西。抱着孩子的心态时，你要么会选择同时推进一系列行动，要么会从不同的潜在方案中吸取最优的部分，并将它们融合成一个最佳的方案。这两种方法都强调了有意识地从一系列创造性替代方案起步的重要性，这样做能为你奠定选择的基础。

来源: gemphoto/Shutterstock

知识简介

我们在 2.1 节中提到，考虑多个替代方案会显著增加价值，因为与"二择一"的决策相比，它能使成功的概率提高 5 倍。有趣的是，替代方案的数量不需要很多，只要两个互为参照即可，这能大大提高决策成功的概率。当我们得知某地战略项目的平均价值交付率为 40%~50% 时，我们由衷地感到钦佩。

你可能想知道多一个替代方案为何能产生如此明显的效果。原因就在于，它是你从上述的替代方案中优选出来的。

当你认真考虑多种替代方案时，你会发现自己想要一切，或者想充分利用一切。在这种心态的指引下，你会去探索做到这一点的方法。而且，当你看到不太喜欢的方案时，你更容易去寻找其他的解决方案。

在"二择一"的决策中，你很容易就认为，你在讨论中要么对一项建议持赞成态度，要么持反对态度，并且认为你不能对建议做出任何改动。然而，对最初的想法进行改变和调整，再加上整合更多的见解，往往能使选定的解决方案获得成功。

LEFT: 左
RIGHT: 右

来源：Dirk Ercken/Shutterstock

试着做

- 尽管两种方案就大有裨益了，但你还是要寻找更多的严谨方案，并把它们记录下来。

- 在制定替代方案时，要特别注意"低成本"和"无成本"的解决方案。这些方案非常适合于并行实施，而且可能引发一些有益的想法，能使你制定出更加资源密集型的方案。

- 要一直思考这一问题：为什么最优的基本案例不应被采用（率先）。参见3.6节的内容了解个中原因。

- 筛选替代方案时，明确它们与你考虑的其他替代方案的融合度。或者，询问如何将一种替代方案的特殊优点纳入另一种潜在的解决方案。

- 对于更宏大的计划，考虑"多目标跟踪"法，即由多个团队各自制定潜在的解决方案，然后将它们集中起来进行审核，为综合各种方案奠定基础。

实例

下面介绍一个团队为其项目问题考虑替代解决方案的过程。当时该团队面临的问题是生产工厂的产能不足。我们来看看该团队提出了多少种易实施且成本相对较低的替代方案。熟悉生产线复杂性的读者都知道，"生产线微调"的替代方案能否成功，在一定程度上取决于生产线运行的好坏。然而，齐心协力思考这些问题会很快显示出方案的最大潜力及是否值得推进。

替代方案

投资建设新生产线
提高生产线效率
升级生产线
一直运转生产线以最小化停工时间
增加轮班次数
收费包装（承包商收费）
进口（从姊妹企业）
去除库存，释放生产时间
提高销售价格

注意上述大多数方案怎样才能在类似的情形下同时实施？这凸显出，相比"二者择一"的思维，"二者兼顾"的观念确实有助于增加项目成功和获得更佳结果的概率。此时，"开销大"的替代方案最终会落选。然而，在项目启动之前全面考虑替代方案能为企业赢得一段时间。此外，它帮助团队提前思考这一问题：一旦新的生产线投入运行，如何才能获得更多的投资回报？

提示

- 即使一个想法仅能解决部分[1]问题，也不要因此就将它抛弃。有时候，当最令人头疼的问题得到解决时，剩下的问题就变得无关紧要了，而且它们还可能逐渐消失。

- "部分"想法可能会为你得到更宏大或更出色的解决方案赢得时间。许多情况下，赢得时间有助于你更好地了解处理问题的方法或提出适用于长期的解决方案。

- 结合多个"部分"想法（综合方法）可以形成一个能全面解决你问题的严谨方案。

---

1. 这里的"部分"既可被解读为"方面"（定性），也可被解读为"部分的"（定量）。

思考

- 你得到了什么启示?

- 你下次会如何做?

第 **3** 章

无资金时你该做什么

速读

3.1 通过优化的基本案例（OBC）充分利用现有资源

　　我们经常盯着那些能完全解决问题或能让我们抓住机遇的解决方案。大多数情况下，我们已经具备了能使我们大步迈进目标的工具。我们可以利用闲置的资源，也可以选择少做一些事情，以便腾出时间抓住其他机会。许多商业项目的收益达不到预期，很重要的一个原因是忽略了这些方法。

　　荷兰艺术家罗伯·凡·汉德尔就运用了这种思维。他在设计中一改酒杯往日的用途，把它们设计成了一盏盏明灯。

来源：Rob van Haandel

照着做

回答这一问题："在不动用任何其他资金或资源的前提下，我们改变哪一事项的行事方法能使我们抓住全部或部分机遇？"

3.2 快速创造真正的价值

运用优化的基本案例（OBC）通常意味着更充分地或以不同的方式利用现有的资源。与大多数"历史清白"的解决方案相比，它能更快地释放真正的价值。难点在于抛弃先入为主的观念，有时还需要做出艰难的选择。

来源：ktsdesign/Shutterstock

照着做

确认你马上可着手利用的优化的基本案例元素，它们会对你产生多大的帮助？

3.3 建立瞬时可信度（1）

OBC 具有非常强大的功能，它能让你在不增加资源的前提下抓住机会，让你做符合现实的事情。利益相关者会认识到这一点，因为他们更了解此种情形下组织必须做出的权衡取舍。当你寻求正确的决策时，OBC 堪称其基石。

来源：Tonis Pan/Shutterstock

照着做

确认你利用 OBC 抓住机遇时可能遇到的限制，你需要做什么才能消除这些限制？

3.4 建立瞬时可信度（2）

许多组织在无意中将现状作为衡量当前解决方案增量成本和收益的基准，从而得出了项目是令人失望的这一结论。这种方法完全忽略了利用 OBC 所能实现的价值。

根据 OBC 衡量任何项目的价值，你能自动避免一些收益的重复计算，使任何项目都获得良好的启动和可靠的信誉助推器。

来源：Anna Hoychuk/Shutterstock

照着做

尽可能清晰地描述你的 OBC。注意它与今天的状况相比有何不同、你正做什么权衡取舍以及如何在 OBC 的约束范围内实现目标收益。

3.5 揭示项目中通常被你忽略的价值

大部分财务收益最诱人的项目都是不太令人兴奋的机会造就的，这可能有点违反直觉。替代老化资产或者避免增加潜在的未来成本的项目通常会遭受忽视，而等到重视它们时一切都为时已晚了。利用从 OBC 中获得的洞见，及早发现那只能在未来变成产金蛋的天鹅的"丑小鸭"，以免它早早地被你杀死。

来源：Photodisc

照着做

处理棘手的问题时要保持冷静。无论如何，一些项目躲得了一时，躲不了一世，迟早你还得做。要明确针对这些项目采取行动的时间或条件。

3.6 明确不实施 OBC 的原因

就其性质而言，OBC 通常是成本最低的解决方案之一，而且也是风险较低的解决方案。特别是在高度不确定的情况下，低成本的初始解决方案能为企业赢得时间，其好处往往是比较显著的。然而，在一些情形下，放缓行动并不是正确的解决之道，其带来的好处不重要，或者运用 OBC 会对当前的一系列活动产生破坏性的影响。

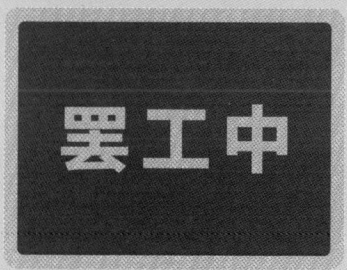

来源：Becky Stares/Shutterstock

照着做

　　跟着你的感觉走。当 OBC 让你感到紧张时，你的感觉可能是对的。阐明个中缘由并利用它来证明你投资的合理性。

3.7 从 OBC 中获得丰富的洞见

　　你最终可能抓住机会，也可能丧失机会。如果你获得了机会，你可能将 OBC 推荐为解决方案，你也可能不这么做。无论如何，你在开发 OBC 时，一定要获得或者提炼有关当前商业模式或环境的洞见。无论你最终做什么，都要捕捉、研究和利用好它们。

来源:Kletr/Shutterstock

照着做

　　展示你的 OBC 对客户和供应商的影响。你能让他们分得一杯羹吗？

3.1 通过优化的基本案例（OBC）充分利用现有资源

为什么

人们在解决问题时，经常忽略了以不同的方式运用现有的工具和资源。考虑到这一点的人，他们的企业往往已持续地优化了资源，无法再从中得到进一步的好处了。

但是，持这样的立场会错过这一观念：手头的问题会塑造新的镜头。透过这个新的镜头来看世界，你会发现利用现有工具和资源创造价值的机遇，这一价值会超过以当时的方式利用这些工具和资源所创造的价值。

来源：Jo Ann Snover/
Shutterstock

许多时候，OBC 并非首选。典型的原因是，无论是价值还是规模驱动的问题，解决问题的范围都是有限的。但是，无论何时，当你将 OBC 视为选定方案的一部分时，从事后来看，它明确了从现有资源中获得的价值和缩短了价值实现的时间。毕竟，如果你马上就实施它的话，OBC 就只是 OBC。

知识简介

有意思的是，OBC 源自运营管理。企业运行一条生产线时，设计精妙的生产计划常常被日常事务所打断，此时企业会先生产急单产品，并由运营团队以生产计划为基准优化这种情形。要适应部件、模具或材料的变化，产品的每个变化都可能导致生产线停工。而停工的时间越长，生产的时间就越短。

因而"充分利用目前拥有的"就成了应对之策。这是平衡短期客户满意度和长期盈利能力的行为。为了能长期成功地实施 OBC，团队需要对业务重点和价值驱动因素有明确的认识。这往往会导致企业找到以同样的资源做更多事情的方法，并且使企业有意识地选择工作量少但价值高的活动。

试着做

- 回答这一问题：若得不到其他资源，而且要抓住全部或部分机遇实现利润最大化，你会做什么？

- 详细描述你的答案，特别注意你可能需要做出的取舍。

- 思考你的选择可能导致的二阶影响。[1]

- 要勇于思考极端情况，如：

    - 如果将今年的全部广告预算用来招聘销售人员会怎样?

    - 停止制造军用坦克，用我们的生产线制造崎岖地形使用的农用拖拉机会怎样?

- 确认当前每一项业务活动的哪些部分对你解决问题最有价值。这是对不同类别的活动进行的帕累托分析。不是花费在现有活动上的每小时都具有相同的价值。哪些活动或活动的哪些部分能实现最大化价值? 你能放弃增值少的部分吗? 了解这一点有助于你明确潜在的拐点和值得做出的权衡取舍。2.4 节中的卡车例子就是运用这一见解的绝佳范例。[2]

- 将你从中得到的洞见融合进一个确确实实能解决你问题的方案中。

    有时候，一个 OBC 就足以让你在一段时间内不想再花

---

1. 二阶影响的一个例子是大公司高管薪酬信息的公布。2006 年，英国的工会在经过长期的努力后终于有了结果:《公司法》规定，企业须在每年申报的文件中提供高管薪酬信息，任何上市公司都要这样做。工会的基本理念是: 当高管薪酬的信息被公开时，企业会对高级管理人员的薪酬施加更多的限制，因为人们期待高管与其他员工的薪酬审查保持一致。有趣的是，由于能获得这些信息，许多管理人员在与雇主谈判薪酬时，会与所谓的同行进行比较，因此获得了更好的薪酬组合。1998—2010 年间，高管薪酬每年增长 13.6%，明显高于普通员工的 4.7%。其他国家也出现了类似的趋势，这是英国的工会没有预料到的。https://www.gov.uk/government/uploads/system/uploads/attachment_data/file/31360/12-889-improvedtransparency-executive-remuneration-impact.pdf.
2. 这是一个运用从优化的基本案例中得到的洞见导致投资额大幅减少的绝佳案例。尽管优化的基本案例有积极的影响，但随着时间的推移，正常的磨损会导致可利用的卡车减少。结果，企业会受到不利影响。但通过运用从 OBC 中获得的洞见，制造商对车队的投资额能减少 90%。

心思寻找其他解决方案了。另一些时候,潜在的巨变,可能是大规模的隐性成本,可能使 OBC 的预期收益相形见绌。

提示

心态对开发 OBC 非常重要。怀疑运用现有的工具和资源能否做事是正常的表现,重点是要了解你能走多远、需要做什么以及如何将 OBC 变成一个用来比较一切商业投资案例的基准。好奇心、合作学习和探索心态都是让你保持前行的重要因素。毕竟,如果投入的是你自己的资金,你肯定会这么做。

思考

• 你得到了什么启示?

• 你下次会如何做?

3.2 快速创造真正的价值

"如果你没有为他人创造价值，那么你就是在浪费自己的时间。"

——美国作家布莱恩特·H．麦吉尔（Bryant H. McGill）

为什么

你开发 OBC 的自然抑制因素受你"吐故纳新"的意愿程度的驱动。请注意，我不是因为偏好"新事物"才这么说的，我只是想郑重地给 OBC 一个机会。OBC 通常是你创造价值的最快途径。原因很简单，使 OBC 发挥作用的最关键的因素通常已经到位，你需要做的仅仅是部署好它们，有时可能需要做一些调整。

不同情形下的 OBC 收益不同，但是，当所有其他条件都相同时，与未来某个时刻的更多价值相比，你可能喜欢现在获得更高的价值。

知识简介

OBC 的两个关键的必要条件是：

1. 缺乏增量资源时，它确实是你的选择；

2. 你可以马上开展行动，这可能需要对现有条件进行一些调整。提炼真知灼见和做出权衡取舍是难点。

真真正正要做的事情

思考之后你会发现，上述两点都很有道理。当你需要采取一些行动，但关键的利益相关者不愿意接受时，该行动方案的好处不能被用作投资案例的比较基准。毕竟，当基准有疑问时，你可以相对随意地解释你的方案的好处。

在这种情况下，你应当能预料到，计划的好处会随着项目的推进而消失，因为实施者根本不会对一个假设的基准负责。最好要有一个所有人都认可的 OBC，这一 OBC 之外获得的任何好处都应归功于其他替代方案。

马上行动

马上开展行动的能力很重要，因为它强调了收益触手可及的观念。评估 OBC 机遇时，现实是很重要的考量因素。马上行动本身并不是目标，还需要考虑当时背景下行动的现实可行性。例如，如果从技术上看，你能立即停止某种产品的生产（为另一种产品释放产能），但根据与一位大客户的合同规定，终止合同需要提前 9 个月发出通知，你可能想知道这种情况是否为 OBC 的素材，答案要视具体情况而定。

首先，无论是从时间还是幅度方面来看，比例都很重要。如果所有替代方案都需要花费较长的时间来实施，那么 9 个月的前置时间仍然算得上一个不错的 OBC 情形。需要注意的是，这里的前置时间是纯粹用来启动和运行方案的时间。

另外，如果需要的支出相对较少，比如更换零部件，也可以将其视为 OBC 情形，特别是当这些投资与完全成熟的项目投资相比规模相对较小时。

其次，要考虑相关性。与其他替代方案一样，OBC 也不是只被草拟一次后就按原样运用的，否则它就成了僵化的学术练习。此时，你的目的是发现真正的价值，你要精选出一个真正适用于 OBC 的组合。这样，可以先在小范围内启动 OBC，等履行完与之前提及的客户的协议后再推广升级。可以看出，这是一个考虑到实际限制条件的分阶段 OBC 实例。

试着做

- 将 OBC 的开发视为一次良机，要专注于从现有的环境中挖掘价值源泉。

- 对于规模较大的项目，或者团队难以认真参与的 OBC 项目，可以指定一个单独的小组开发 OBC。

- 要明确的一点是，如果由你负责开发 OBC，那么为了以现有资源抓住机遇，你要认真做这项工作。为了获得令人信服的案例，要对哪些资源加以利用及为什么利用心中有数。当这些资源目前已为企业带来了显著的增值时，这一点显得尤其重要。你是否已考虑过了资源重新配置的成本和影响？

- 综合考虑后制订价值交付计划：你如何确保最终将受益转化为现金？[1]

- 有意识地寻找机会将部分 OBC 与其他替代方案相结合，这通常有助于早日获得增量解决方案产生的收益。

提示

- 知道什么时候止步。由于之前对 OBC 的所有赞誉，你可能认为它是解决所有问题的灵丹妙药，有这样的想法无可厚非。若当前没有任何合适的可获取资源，或者对资源的 OBC 利用产生的价值少于目前的价值时，仍然抱着 OBC 不放显然就不合情理了。

---

1. 就现金交付不重要的项目而言，收益交付计划是焦点。

- 如果在你看来，无增量资源可用的观念太不切实际了，那么请考虑如下假设：在未来三年里，所有增量资源都将被投入到一个具有较强战略意义的长期项目中。在这段时期内，必须根据企业的现有资源来管理该项目之外的任何行动。你会因这个机会等上三年吗？或者有什么方法可以让你融入这一机会中，以便当资源重新可用时，你已经为更具战略意义的后续行为做好了准备？OBC 分析能证明你在间歇期间做哪些事情是有意义的。

思考

- 你得到了什么启示？

- 你下次会如何做？

3.3 建立瞬时可信度（1）

"人人都希望真理站在自己一边，但并非人人都希望自己站在真理一边。"

——都柏林大主教（1787–1863）理查德·惠特利（Richard Whately）

为什么

大部分商业项目最终都会出现一个或多个方面的成本超支、成果交付或完成不及时的问题，因此，决策者要合理地提出这一质疑：为什么你的项目不会出现此类问题？你需要建立可信度以便使决策者愿意接受你的想法。开发 OBC 时，你要从两个不同的方面解决这一问题。

知识简介

首先，开发 OBC 时，你会曝光一些业务的基本面。毕竟，你正在探索现有条件下的可能性范围。这些基本面可能与你的企业、行业或市场的性质有关。有些可能是众所周知的，另一些则是令人耳目一新的新见解。无论是哪一种，人们都相信眼见为实。当以前的决策或现行做法令人质疑时，他们可能产生不信任感。无论最初是否喜欢，不可否认的事实是建立商业案例是可信度的基石。

可信度（*Credibility*），名词，被信任和被相信的品质。

其次，先"打扫房屋"的做法展示出了这样一种诚挚的态度：只在确实需要时你才会要求增加资源。它体现的是主人翁思维和认真思考、谨慎对待的意愿[1]。你不是为了图方便，不是要"花大钱解决问题"。尽管许多人声称，他们会像所有人一样思考，但利益相关者会观察你为开发真正的 OBC 所付出的努力，以此证实你有没有说空话。这是影响你可信度的另一个因素。

---

1. 参见 2.6 节的内容。

试着做

- 从旁观者的视角审视你今天的行为方式。可能你也是今天局面的造就者，无论是与否，都要假设今天的一切是之前的人带着最美好的意图、凭借最出色的知识和可获得的洞见努力造就的，但这一切都是针对之前而言的。当新的机遇（或问题）来临时，我们要重新思考我们能否更好地利用现有的一切，马上最大化效用。

- 当你想以 OBC 抓住机遇时，你要确认可能遇到的限制，比如运营、行业或市场方面的限制。

- 明确去除这些限制需要付出的代价，即使答案乍看起来很滑稽，你也要将它们记录下来。

- 按照成本／收益比率从低到高排列每个步骤。[1] 按这一顺序描述你的 OBC，区分必定包括、可能包括和必定排除的步骤。

- 实事求是地进行评估，不只从理论上进行成本／收益分析，还要协调使 OBC 发挥作用的人。他们多大程度上愿意按你列出的清单行动，为什么？如果企业选择了走这条路，他们做好支持 OBC 实施的准备了吗？

---

1. 就增量解决方案而言，应在你的分析中纳入可行性分析，这样才能确定你行动的优先次序。就 OBC 而言，一个关键要求是你应当能够马上实施它，这将可行性排除在了 OBC 分析之外。它与成功的概率不同，请参见 3.7 节中的纸箱包装和收缩薄膜包装的例子。

提示

- 要实事求是。不管你知道多少真相，你都没有必要反复提及令别人不快的事情。有时候，你发现的事实可能从一开始就让利益相关者感到不舒服。让其他人认可你的见解时越有面子，他们就越容易支持你的商业案例。

- 对解释不确定之处，要保持开放和前瞻的心态。在继续之前确认这是必须知道的事项还是暂可进行粗略估计以后再进行确认的事项。

- 邀请他人参与。他人参与得越多，他们投入更多精力来完善建议的可能性就越大。这种参与可能会导致你的提议发生彻底的改变，对此要持欢迎的态度。毕竟我们想要的是最佳的业务方案，即使这意味着最终的结果与你当初设想的完全不同也没关系。

思考

- 你得到了什么启示？

- 你下次会如何做？

3.4 建立瞬时可信度（2）

"真相总是比你想象的要简单。"
　　　　——美国理论物理学家理查德·菲利普斯·费曼（Richard P. Feynman）

为什么

OBC 功能之所以如此强大，不只是因为它非常可信和可行，还因为它能够提高任何增量解决方案的可信度。它消除了利益的重复计算，而这正是许多项目的结果低于预期的关键原因。

知识简介

利用 OBC 可对增量举措进行严格的核查。许多情况下，OBC 也能提供增量解决方案带来的一些收益，很少有替代方案能在各个方面比得过 OBC。

OBC 利用当前资源能提供的任何额外的利益价值都不能被算作增量方案带来的收益，只有 OBC 不能提供的收益价值才能被归功于增量解决方案。

采用这种方法可以防止利益的重复计算，这也是一般项目达不到预期目标的关键原因。尽管这使得增量项目的吸引力比最初降低了，但却使它们更加可信了。可信的项目描述有利于增强比较的可靠性，更重要的是，可根据比较结果合理地确定项目的优先次序。

实例

　　一家即食餐制造商发现了一个新趋势，认为推出豪华家用餐能推动企业收入实现增长。在 OBC 中，部分机会可利用现有生产线的多余产能来解决。从运营角度来看，增加生产转换时间会提高成本，因为其生产线以前生产的是另一种不可出售的产品，工作人员要为生产新产品做准备，就需要花费更多的时间清理设备。最受青睐的增量替代方案是投资建设一条新生产线，专门生产豪华家用餐。这样的话，持续的运营成本会比较低（生产转换时间减少，设备较新），产能也会提高。

OBC 和投资案例（增量收入）的营业收入（利润）比较

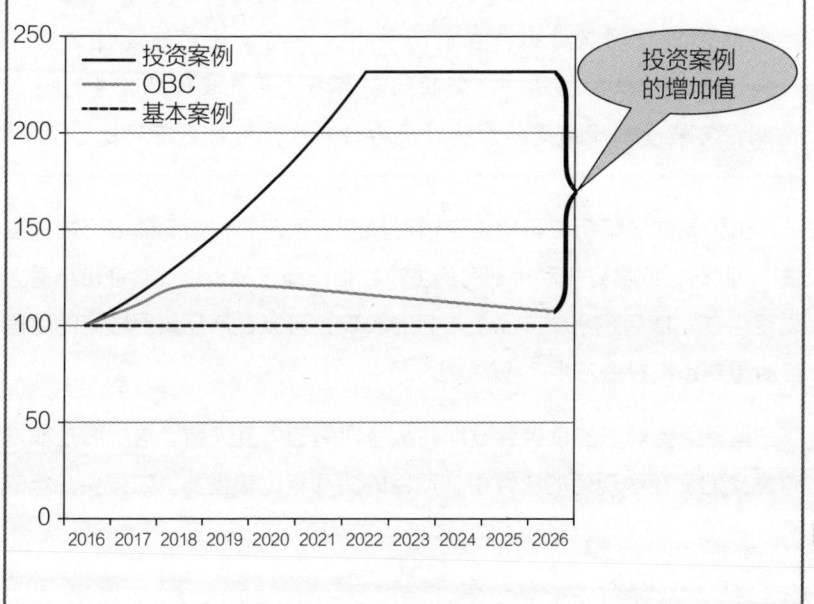

上面这张图比较了公司基本案例（什么也不做）、OBC和投资案例情形下的总利润。

这里的 OBC 描绘的是，公司在前两年内因销量增长导致利润上涨的情形。一旦目前的产能得到充分利用，公司的利润就会实现最大化。

随着时间的推移，由于设备老化需要更多的维护，停工时间会增加，利润就会开始下降。设备维护是一把双刃剑，需要花费金钱，而且停工期间无法生产可销售的产品，但设备又不能不维护，最终，年度利润会随着时间的推移而下降。

投资案例曲线描绘的是，与 OBC 情形相比，其早期利润略高，原因是：（a）生产中的停工次数减少，（b）运用了更现代化的高效设备。但一旦机器满负荷运转，利润增长就会停止。如果你认为此时 OBC 的盈利潜能已得到了充分的释放，那么你就应当将 OBC 而非基本案例视为投资案例的比较基准。通过新的比较可明显看出，在前两年内，运行新生产线没什么意义。当我们认为这是一个新的细分市场，而且我们对数量的预测很可能受到了成见的影响时，运行新生产线就更有问题了。[1]

由传闻的决策历史可知，当销量预测不确定时，预测值很可能被高估[2]。此时，你最好先利用现有的生产线推出新产品，以此验证市场潜力是否存在。然后观察新产品上市后的表现，可以在产品赢得较高的可信度时重新审视投资新生产线的决策。

具备财务知识的读者会发现，从净现值的角度来看，这样做是非常有意义的。在净现值的核算中，项目的头几年比较重要，如果头几年的

---

1. 参见 2.6 节的内容。
2. 情况并非总是如此。关于处理不确定性时如何运用结果范围，请参见 5.6 节的内容。

贡献相对较小（上述例子中，在现有产能全部得到利用的当年，利润仅增加了 25%~50%），你宁愿把钱留在银行（或者投资于回报更快的项目）也不愿意把它用于不投资也能抓住的机会上。

与往常一样，有意识地运用工具和建设性的批判性思维很重要。在上面的例子中，我们一开始就能容易地得出 OBC 更有利的结论，但是，对于选择不那么明确的情形，在决策时要重点分析那些存在最大不确定性的领域。

在类似于家庭餐的情形中，还要重点分析包括订购新设备所需的时间以及销量预测的可靠性等因素。关于高效地处理风险和不确定性的见解，请参阅第 6 章的内容。

试着做

- 首先确定 OBC，尽可能清晰、全面地描述它。重点放在与当前情形不同的地方、你正在做的权衡取舍和你在 OBC 的约束范围内实现目标收益的方式。

- 对于投资案例，描述解决方案的范围及其预期收益。当 OBC 也能带来同类收益时，则要明确两种情形下收益量的差异及造成差异的原因。你可能发现投资案例能产生 OBC 没有的收益类型，此时可通过扩大 OBC 的范围来验证它能否在一定程度上产生这些类型的收益。[1]

- 通过具体化其高于 OBC 的增量价值来增强投资案例的可信度，同时处理价值的可交付性问题。要具体考虑每种情形的时机和风险。

---

1. 这说明开发商业案例是一个充满变化的活动。只要我们承受得起，我们就可以一直质疑案例是否是最好的。

提示

　　首先用文字、图片和图表来表述你的案例，描绘两个案例的全貌。不管在电子表格上进行比较的诱惑有多大，你首先要对提议的案例及其对业务其他部分的影响有一个清晰和全面的认识。这样做有两个好处：(a) 使其他人更好地理解（和挑战）每个案例的复杂性和含义；(b) 利于你更好地进行可靠、全面的财务分析。

思考

- 你得到了什么启示？

- 你下次会如何做？

3.5 揭示项目中通常被你忽略的价值

"人类的一切东西都必然不进则退。"

——研究罗马的英国史学家爱德华·吉本（Edward Gibbon，1737—1794）

为什么

你会发现在许多企业存在这样一种趋势：只要能逃避，他们就会推迟更新或预防性的维修投资。通常情况下，这么做会导致成本结构日益复杂，无论是从绝对还是相对意义上说均是如此。同事们通常意识到了维修的需要，然而，维修要挤占更重要的计划的资源。OBC 能够揭露出不行动的隐性成本，这有助于确认正确的优先事项，发现迎难而上的时机。

知识简介

大多数人都认可"急事先做，要事第一"的理念，在史蒂芬·柯维所著《高效能人士的 7 个习惯》（*The 7 Habits of Highly Effective People*）一书中，它集中体现在第 3 个习惯中。这一理念是指，要将紧迫和重要的事项排在其他事项之前处理。为此，你先要弄清楚哪些事项是重要的。急事会自行显露，即使它们可能包含着一些你可能想验证的"误报"。

照管好你所拥有的

对于大多数业务而言，今天产生了大部分收益的资源也会在可预见的未来发挥作用，照顾好这一"巨大财源"很重要。它能保证业务的连续性，使企业开拓新的市场、进行创新和实现其他类型的扩张。在面向市场的业务领域，也适用同样的原则，比如一些产品的销售人员经常说，向老客户推销产品比向新客户推销更容易。

尽管有明显的理由支持"照顾好你所拥有的",但人们往往会拖延这么做的决策。我经常听到的两种解释是:

1. 旧事物不如新事物令人兴奋,人性会制约我们对机会的把握。

2. 这么做的经济效应一般不诱人。

关于第一点,从第 2.4 节(关注大问题,寻找重要的解决方案)中获得的洞见往往能提高人们对旧事物的兴趣。

确保你的视角有效

这些举措从财务上看不具有吸引力,是因为企业的看法是静态的,他们没有从动态视角考察成本和利润的演变情况。下面的类比说明了这一点。假设你接到了这样一个任务:为一个四岁的孩子买接下来 10 年(这是资本投资项目的典型分析期)内要穿的裤子,你肯定不会根据这个小孩现在的尺码买以后要穿的裤子。我们都知道,除了罕见的例外情况,这个孩子会逐渐长大,他裤子的尺码也要随之加大。

现在把孩子换成机器。我们知道,随着时间的推移,机器性能会因磨损而降低,这导致它需要维修或更换零部件,而这些都会造成停工,代价巨大。换言之,即使我们什么都不做,我们的成本结构也会随时间的推移而恶化。最重要的是,如果机器发生了严重故障,企业将如何应对呢?解决方法通常是将产品的生产外包以维持销售(代价高昂!)、停止销售(代价高昂!)、紧急修理(代价高昂!)和计划外的设备更换(代价高昂!)。

实例

　　下图展示了如何在避免成本的情形下运用 OBC 的例子。就像增量收入的情形一样，这里的基本案例假定，企业的利润在可预见的未来保持不变。投资案例指的是你投资引进技术更先进的设备，因此，新设备会更高效。可能是它的运转速度更快，也可能是它生产的产品的质量较高，不论哪一种，你都会从中受益。这在损益表中表现为成本结构递减和与成本负相关的利润增加，如图中的利润曲线所示。

OBC 和投资案例（增量收入）的营业收入（利润）比较

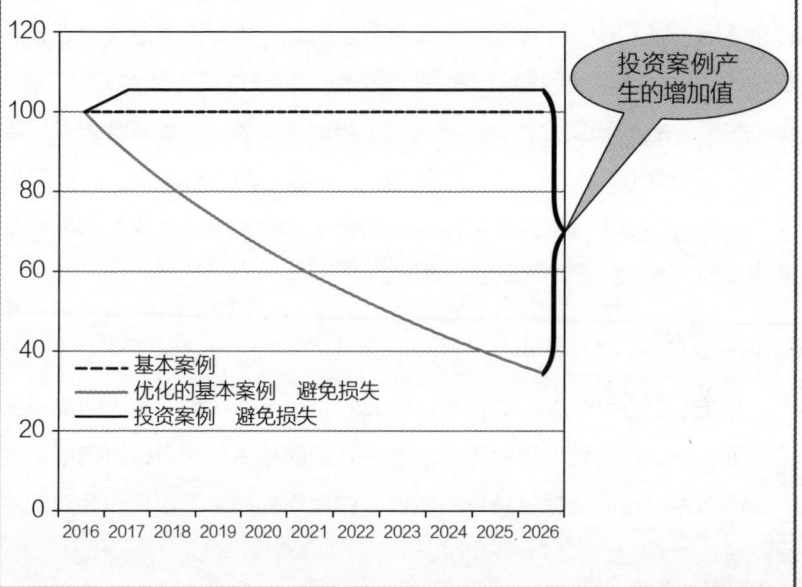

由于对 OBC 的无知，大多数企业会以老眼光看待基本案例和投资案例的差异，从而做出重置投资并非优先选项的决策。当公司有追逐增量收益的投资机会时，如 3.4 节中的例子，这种观点就更有吸引力了。相比之下，OBC 反映的是利用目前的资源实现最大化利润时预期实现的利润水平。在这一例子中你会发现，由于"最大限度地利用了拥有的一切"，OBC 的利润在 10 年间下降了约 2/3。现在，如果你比较投资案例和 OBC，将之前隐藏的价值纳入考虑会使重置投资马上变得非常有吸引力。

保持诚实

想提供"帮助"、使重置投资的想法获得认可的任何人，很可能在此时会画出一张 OBC 利润急剧下降的图。因此，要在这里提醒大家，开发 OBC 是为了帮助我们做出最佳的决策。关于这张形象的 OBC 图，我们的想法是："事实上，我们将通过适当的风险管理和缓解计划做好接下来几年的管理工作。"在这种情况下，OBC 已经帮你证明了，此刻保持本来面目可能更有意义，这可能需要进行一些调整，而调整的依据就是从 OBC 的开发结果中提炼的洞见。

正确对待

到现在你心里有点不安是无可厚非的。你可能认为，重大的失误比较罕见，一点点风险规划就可能控制住它们的成本，而且以有可能发生的事情作为投资的依据是狡猾的做法。你考虑的都是事实，但我对此的反驳是：

（a）低概率不是忽视某些问题的借口，尤其是当这些问题具有毁灭性的影响时；

（b）大多数企业都没有针对重大失误制定充分的应急计划。大多数应急计划针对的是所有场所出现临时性或永久性丧失运转能力的情况。然而，在企业的应急计划中，一条生产线或 IT 系统出现的重大故障却往往被忽略。

（c）就概率来看，大多数设备和系统出现重大故障只是时间问题。当你得知一些不利的事情将要发生时，你应当清楚应对它的合理时间和方法。

试着做

- 要在避免成本的基础上开发 OBC，最重要的是与利益相关者就 OBC 是什么样的达成一致。利益相关者可能受利益、偏见和经验的影响而产生不同的看法，因此达成一致意见非常重要。实施 OBC 几年后，当最终的结果证明你对关键资产的剩余价值过于乐观时，没有人愿意走过来对你说"我告诉过你会这样"。与此同时，对 OBC 风险过于悲观也是不可思议的，开发 OBC 时要综合考虑这些因素。

- 利益相关者不能就 OBC 达成一致意见时，保留各自的意见。对 OBC 的看法不统一时，工作中会出现各种行为，既可能是最保守的，也可能是最激进的。要确保在分析时考虑到了所有人的观点。对 OBC 和投资案例之间差异的评估，要能看出投资是切实可行的方案（下图中用水平线表示），最好对财务方面也进行类似的分析，其他实用的指标也可被纳入考虑。

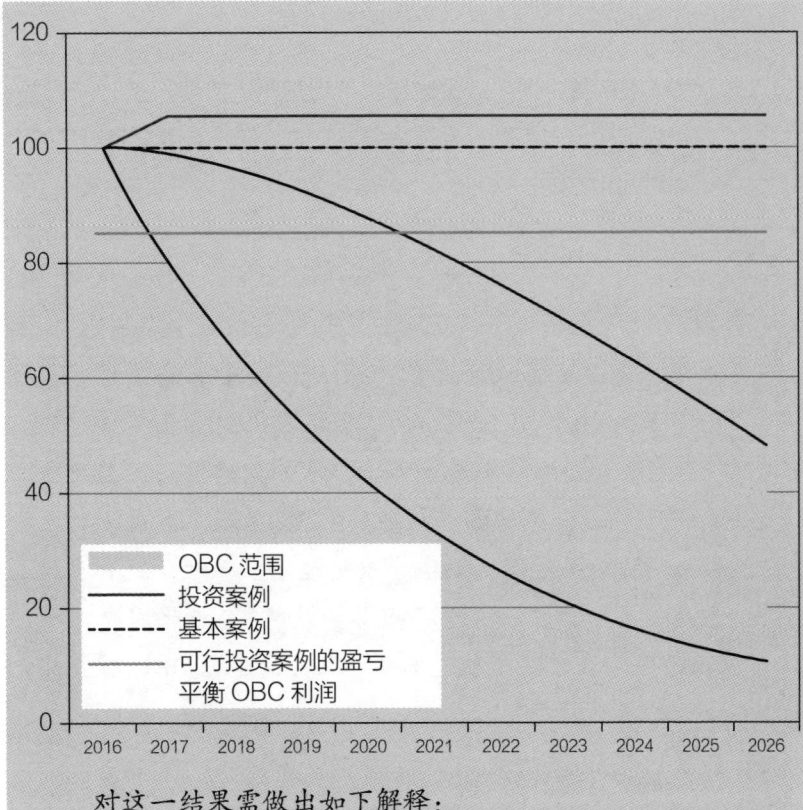

对这一结果需做出如下解释：

- "极易理解"的情况。如果 OBC 范围的保守端（上方的曲线）已证明了投资的正当合理性，那么就没有必要再争论投资的必要性了。相反，如果 OBC 范围的积极进取端（下方的曲线）不足以证明投资案例的高效，那么你除了依靠现有的资源维持现状或者找到一个更实惠的解决方案外别无选择。

- 需深入讨论的情况。当 OBC 和投资案例之间的最低利润差距落在了 OBC 范围内时，要深入分析这一结果。意见分歧可能集中于增加失误的事件所发生的时间点上。在此情况下，要集中精力确定触发因素。考虑这一问题的前提是，OBC 没有证实现在就进行投资的合理性。确认企业想进行投资时必定会发生的事情，如果我们认为这些事情会在什么时候发生，可以设定一个"绊网"[1]，为需要时启动投资计划留出足够的时间。

在上图中，水平线描述的情况就属于此类。注意，该线描述的是投资案例下保持盈亏平衡的利润均值。[2] 投资案例和 OBC 之间的利润差距越大，投资的理由就越充分。由上图可知，范围的保守端可能符合这一点。最初几年它高于盈亏平衡水平，后来它变得远低于盈亏水平。但要达到"赚钱"的境地，则需要花上四五年的时间。你能接受吗？或者利益相关者特别支持这一观点：投资可避免的损失好于保守情形，因此支持尽早进行投资。

- 重起炉灶、从头再来的情况。可能会出现这样的情况：OBC 的范围太广泛或者对结果位于范围的哪一点存在严重的分歧。为避免仓促间做出错误的决策或者长时间的无益讨论，要集中精力找到可分步实施的解决方案。避免损失的一大驱动因素是遏制和减轻业务风险。难以决策时，可通过实施方案和减缓计划来"约束"风险。你能否发现早期的预警迹象或触发点，从中你能得知什么时候重新考虑这种情况是合适的。最后但同样重要的是，审视你解决方案的范围，是否存在能缓解你最紧迫问题且能使你获得缓冲时间去了解更大问题的演变情况

---

1. 参见 6.6 节的内容。
2. 我们用年均利润作为盈亏平衡时利润水平的代理指标。利润率是变化的，因此大多数案例中的盈亏平衡曲线并不是特别精确，对项目案例的预测值可能在曲线的任何一侧波动。高于盈亏平衡线的 OBC 并不必然意味着，线条相交投资才有意义。记住我们这里以范围来处理不确定性的问题。为了便于决策和比较，我们将案例转化成了 NPV 数字。

的小方案？或者是否存在能同时消除各类业务风险的大方案（成本、范围或二者兼顾）？[1]

提示

当心"孤儿型"问题。在基础设施领域或者支持多重利润流的管理费用领域，躲避及时行动的影响会更严重。由于没有人觉得维护屋顶、锅炉房或者计算机网络这类基本的事情是自己的责任，企业往往会等到生存受到破坏性威胁时才采取行动。

警惕混乱

在增量收益情形下，当使用者初次接触 OBC 时，他们很快就会明白 OBC 优于基本案例的原因，它毕竟是改进版的基本案例。

然而，在避免损失的情况下，混乱有可能发生。OBC 显示的业务利润率比基本案例的低，这似乎是违反直觉的。人们会质疑，它是怎么优化的呢？事实并非如此。首先，基本案例描绘的所谓的现状，意味着一切能一直保持完好。另一方面，基本案例意味着"什么都不做"，而且，正如上面买裤子的例子所揭示的那样，什么也不做大多数情况下并不意味着任何事物都保持不变。相反，它描绘的是随时间的推移价值下降的情况。

基本案例就是上图中的那条"虚"线所描绘的情况，上图中的 OBC 描绘的是，在不投入任何增量资源的情况下，为了避免业务风险，你确确实实应该实施的方案。

---

1. 参见 2.4 节的内容。

思考

• 你得到了什么启示?

• 你下次会如何做?

参考文献

Covey S (1989). *The 7 Habits of Highly Effective People: Powerful Lessons inPersonal Change*. Free Press.

3.6 明确不实施 OBC 的原因

为什么

你现在可能有这样的印象:OBC 几乎是解决所有问题的灵丹妙药,但事实并非如此。OBC 除了明显的好处之外,也存在局限性。它只是你决策工具包中的一种工具而已,只有了解了这些局限性,你才能反复利用好这一工具。

知识简介

我发现许多企业都忽略了 OBC 这种工具，而另一些企业运用它获得了直接的经济价值，因此，我在研讨会、咨询工作和写作中都非常重视它。

OBC 的主要用途是为任何新项目或投资理念开发出一个重要的参照基准。这么做的原因是，许多项目没有利用现有资源获得价值，从而产生了令人失望的结果。OBC 旨在帮助你确认新举措真正的增值潜力。

使用者钟爱 OBC 的一大表现是，他们觉得自己必须将 OBC 推荐为解决方案的一部分，但事实是，OBC 并非适合所有的情况。如果在 OBC 分析中确认了下列几点，那么 OBC 就很有可能是头等解决方案：

1. 当前存在冗余资源；

2. OBC 能更好地利用现有的资源；

3. OBC 的风险明显低于增量解决方案。

OBC 的潜力部分地取决于开发它的机遇镜头。[1] 如果这些镜头不能提供与企业已经做的事情截然不同的观点，那么，更好地利用当前资源的机会就可能是有限的。此时，你宁愿提出一个增量解决方案并通过其获得更多的好处。

冗余资源的可用性有限是制约 OBC 方案潜力的另一个因素。如果一种情境已经设立，并产生了良好的影响，那么优化它的可能性就会降低。另外，对目前活动产生过多干扰的 OBC 也不太可能被实施。这一点很好理解，因为 OBC 应该是一个低成本或无成本的、你几乎可立即执行的方案。任何破坏目前有价值的活动的计划通常都会产生（隐形）成本。这意味着这样的计划是：

---

1. 参见 3.1 节的内容。

1. 不能马上执行的;

2. 不是低成本或无成本的。

这些情形下,你应该把 OBC 视为增强投资案例可信度的工具,毕竟它证明了你以能增值的方式利用了现有资源。

试着做

* 一定要开发一个适当的 OBC,并明确假定企业已经尽其所能地利用了现有的资源。为此,要确认你捕捉机会时可利用的现有资源并具体化它们目前增加的价值。将目前资源增加的价值与资源被用来抓住机遇时能够增加的价值进行比较。

* 存在转换成本时,要将它核算出来。它们可能是显性成本,也可能是难以量化的隐性成本。就任何隐性的转换成本而言,要确认你能承受的额度,并与你估算的成本进行比较。需要时,可估算出一个范围。

* 比较你考虑的每种情形下的风险和时间问题。尽管你需要利用一些技巧将它们换算成具体的数字,但它们通常都具有货币价值。如果你能为它们找到近似值,那么你将会更有底气地对 OBC 的命运做出明智的决策。

提示

以可信度为核心,确保你的 OBC 评估得到其他利益相关方的理解和支持。接受任何质疑并将它们纳入到你的评估中。选择正确的解决方案是重大的责任,做出抛弃 OBC 的决策时要特别小心谨慎。毕竟你抛弃的是一个通常情况下 [1] 比任何增量解决方案的成本和风险都要低的替代方案。

思考

- 你得到了什么启示?

- 你下次会如何做?

3.7 从 OBC 中获得丰富的洞见

为什么

开发 OBC 就如同寻宝,你可以利用新视角和好奇的头脑发现可立即运用的宝贵见解。

---

1. 是通常情况下,不是无一例外。

知识简介

OBC 概念背后的思想与卓越运营（operations excellence）和六西格玛法（Six Sigma）理念有着密切的联系，这一说法言之有理，因为它们都源自运营管理学科。

然而它们之间也存在着巨大的差异。卓越运营和六西格玛法主要侧重于对现有系统、程序和流程的改进，你可以不那么严谨地，甚至有点不客气地将其总结为"不给松懈留余地"。

此外，OBC 旨在通过重新配置现有资源和确认有关"交战规则"的洞见并将这些规则转化为商业价值。你可以不那么严谨地将其总结为"创业思维"。

重新配置资源是重要的价值来源。研究表明，那些更积极地重新配置投资的公司，每年向股东提供的总回报率平均比其他公司高出 30%。下面的实例很容易解释这样的"创业思维"。

实例

收缩包装

- **背景介绍**——潜在的供应商 A 向一家消费品制造商建议，用其生产的收缩包装替代供应商 B 提供的纸板外壳包装可以降低包装成本。制造商若自行生产收缩包装，就需要购买相应的设备。从每年购买的纸箱数量及其与收缩包装薄膜的成本差异来看，他能在不到两年的时间内收回投资。

- **OBC 行动**——OBC 分析发现，纸板成本要降低 25% 才能达到收缩包装的盈亏平衡点。达到这一水平时，假定其他所有条件相同，制造商选择任何方案的财务结果都

是无差异的。在年度纸板外壳包装采购计划中获得了历史上最低的一位数价格折扣后，制造商与供应商 B 分享了他的看法。制造商解释说，由于价格差异巨大，他打算以后使用收缩薄膜，不再购买纸壳外包装。

- **结果**——供应商给出了 20% 的折扣。他这么做的原因是，销量大降会导致他生产的固定成本提高。这位供应商提出了一个条件：如果他能向另一位客户出售更多数量的包装，那么价格还可以再商量。制造商接受了利于包装商投资的 20% 的降价。尽管降价不足以实现盈亏平衡，但它大大降低了收缩包装的投资收益，从而使这一项目成为不被优先考虑的选项。

- **意外之喜**——随后的行业发展态势表明，制造商做出了一个幸运的决定。收缩包装产品很糟糕，它们需要占用更多的空间，且容易掉落，这导致制造业和零售业客户供应链的隐形成本增加。

实例——盒中袋

- **背景介绍**——有一家历史悠久的制造商生产液态食品饮料，饮料被装在不可回收的不锈钢罐中出售。市场营销部门考虑将产品包装改为盒中袋（BiB），因为使用这种包装形式的竞争对手日益增加。这一改变需要对自动售卖机进行改装，这就需要投资。

客户对不锈钢容器并没有任何特别的抱怨，虽然营销部经理担心包装会拖累竞争，但没有可靠的数据或趋势表明，不提供 BiB 包装会错失销售机会。BiB 产品的尺寸比较灵活，有四种规格，但钢容器只有一种。然而，铅制的 BiB 产品（2.5 加仑）的尺寸与钢容器（3 加仑）的比较接近。

- OBC 行动——重新审视营业利润的驱动因素后发现，收回对自动售卖机进行改装的投资大约需要 200 年！另外的一个新发现是，钢容器具备 BiB 不具备的保质期优势。对小客户而言，这一点尤其重要，因为运用钢容器使他们减少了不得不扔掉的产品数量。

BiB 包装成本的增加大致可通过物流成本的节省来抵消，因为可以将产品堆放在仓库的托盘和卡车上。钢容器的年成本（主要是清洗成本）非常低，而且这些钢容器是资本物品，经济寿命长达 10 年。由于磨损非常少，钢容器的使用寿命往往能超过这个年限（平均的使用寿命超过了 15 年），不需要每年更换一次。从生产的角度来看，企业有能力提供任何形式的包装产品。

- 结果——一番审视后，企业认识到，BiB 技术已经成为新手进入市场的推动因素，与钢容器相比，它具有较低的固定成本和较高的可变成本。另外，拥有适应钢制包装设备的售卖机的任何客户，若不对售卖机进行成本高昂的改装，就无法销售 BiB 包装的产品。这对那些转向BiB 的客户和大多数竞争对手造成了阻碍。

营销团队在 OBC 基础上制定了能充分利用其保质期优势的商业战略。在新战略中，为了反映与 BiB 相比更长的保质期的优势，少数产品的价格被调高。该战略的出台也表明，企业不会积极推动 BiB。这一战略也为接受 BiB 提供了一个清晰的、利润驱动型的数量标准。从本质上说，企业真正担心的是错失有利可图的客户，只有这样的威胁存在时，企业才会接受 BiB 投资。

这一方法消除了长期以来对公司日程的偏离，提高了之前不受人关注的细分市场的盈利能力，并避免了对旧设备（无增值）的成本高达 1200 万美元的改造。

这些实例表明，从 OBC 分析中得到的洞见能对现有的运行提供实实在在的经济价值。然而，只有通过新机会的镜头看待目前的情况时才能发现这一价值。两个实例都没有只通过考虑优化现有流程来发现好处。

试着做

- 确认能区分不同解决方案的所有参数；

- 确定一种方案优于另一种方案的幅度和原因；

- 从整体上考虑价值源。解决方案间的差异对你的企业没有任何价值并不意味着它对价值链上游或下游的任何人都没有价值：保持生产线上的纸板数量对纸板供应商有价值；不必丢弃过期的产品对一些使用钢容器包装的客户有价值。

- 找到让另一方了解这一价值的方法，而且当你找到这一方法时，你可能也快找到分享这一价值的方法了。

- 不要认为什么都是理所当然的。当你萌生了改变游戏规则的想法时，为了打开分享利益的大门，你可能要抛弃现有的一些假设，比如有关可接受的成本降低或价格上涨的假设。

提示

- 开发 OBC 时，即使你不打算抓住机会，你也要留意有关利用其潜能的发现和洞见。
- 运用 2.3 节（"跳出盒子思考"）的提示确定要探究的领域。

思考

- 你得到了什么启示？

- 你下次会如何做？

参考文献

Hall S, Lovallo D and Musters R (2012). How to put your money where your strategy is. *McKinsey Quarterly,* March 2012. See www.mckinsey.com.

第 **4** 章

确保你的决策正确

4.1 与公司战略保持一致

无论创意有多出色，你都不想把时间花在对公司不利的事情上。资源是稀缺的，每家公司都要扮演好自己的角色。公司战略领域之外的活动可能扰乱资源配置和管理层的注意力，这会导致其他方面的隐形成本。因此，要有明确一致的公司战略重点，并始终专注于此。

与公司战略保持一致并不是不赚钱的借口，始终都要清楚你的举措会如何增强公司的竞争优势，无论是创造利润还是扩大视野。

来源：Paul Vasarhelyi/Shutterstock

照着做

发挥你的优势，坚持做你公司最擅长的事情。

4.2 证实你的成功权

　　找对问题是一回事，正确地处理问题是另一回事。涉及资源的配置问题时，管理层要确保风险和回报的平衡。他们对项目的价值有多少信心？即使你为成功的实施做好了充分的内部准备，你是否想过竞争对手会如何反应？更要命的是，如果其他人也来抢夺同一机遇，那么决定谁胜出的因素将是什么？此时，你的企业处于何种位置？

来源：Everett Collection/Shutterstock

照着做

　　确认能使你成功地交付输出结果的因素，你是否存在致命的要害？

4.3 避免落入"毫无疑问"的决策陷阱

　　商业中的决策往往是因紧急事件驱动的，所以，如果对投资情形无任何疑问，为什么要花时间分析成功权和其他价值驱动因素呢？鉴于此，人们在无现成的替代方案时往往不愿意提出反对意见，特别是明摆着必须做一些事情时。

当有确凿的迹象表明决策考虑不周时，人们必定认为它"毫无疑问"地会得不到批准，这样你就不会血本无归了。因此，要未雨绸缪，先于其他人阐明你确信的方面。下面这个令人大开眼界的练习能帮助你保持谦恭和诚实。

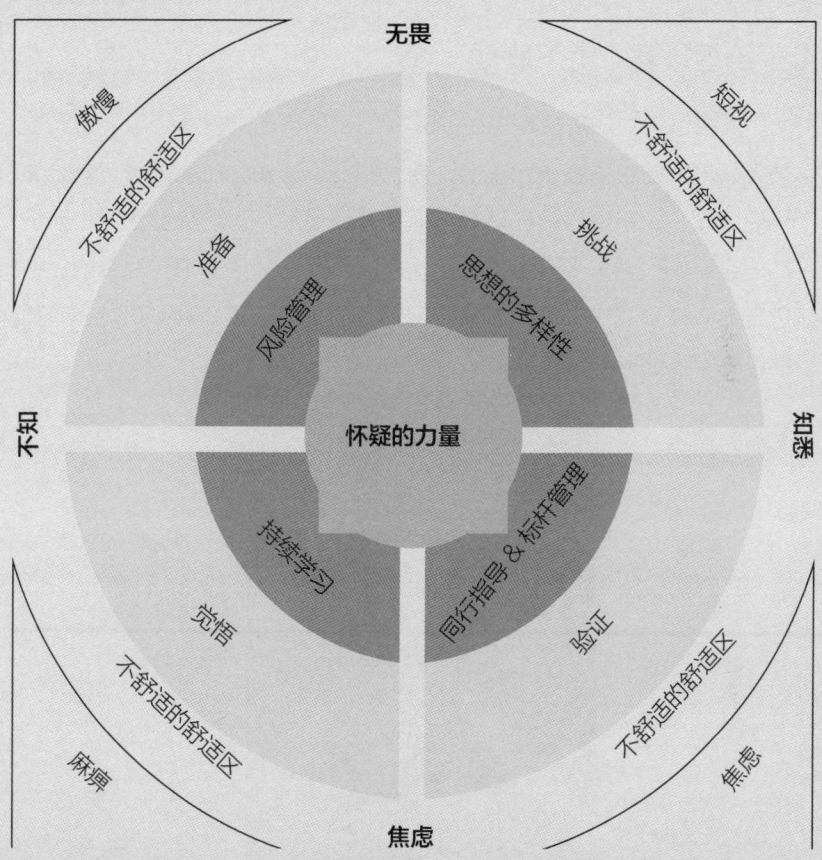

来源：摘自CEO报告《拥抱领导力悖论和怀疑的力量》，海德思哲国际咨询公司，2015年1月发布

照着做

稍停片刻，思考并提问：目前的项目有无继续下去的正当理由？为什么？有无其他理由？现在怎么办呢？（提示：理由是答案的有益组成部分。）

参考文献

The CEO Report (2015). Embracing the Paradoxes of Leadership and the Power of Doubt Saïd Business School and Heidrick & Struggles, January 2015.

4.4 统筹协调、上下联动

在大型组织中，项目是由团队开发的。项目组准备就绪后，由利益相关者和总部的决策者进行审批。他们往往没有多少时间进行审核，更不用说修改了。审核人往往处在进退两难的境地：为防止企业错过重要的机遇之窗，他们需要迅速地做出回应。然而，项目通常是复杂的，往往包含着必须要解决的意外或缺口问题。如果现在不采取纠正措施，项目很可能导致更多的问题。

来源：Amma Ewa Bieniek/Shutterstock

照着做

确认组织中更高层级的利益相关者并尽早寻求他们的建议。在制定项目业务案例时，要考虑他们的看法和顾虑。

4.5 不要猜测领导的心思

有时候，下属会打着"这是你想要的"幌子向领导者提出建议，领导者会感到莫名其妙。通常情况下，这样的建议是善意的提示，偶尔会像一张空白支票，领导者有关组织优先事项的陈述很容易被解读为"这是我关心的，在配置资源时要重点考虑"。

来源：Cracker Clips Stock Media/Shutterstock

在一堆商业提案中猜来猜去，特别容易使一些原本经不起推敲、不能证明其合理性的提案浮出水面。

领导者对此的回应通常是：谨慎行事，做对企业有益的事，不必考虑我的想法。

这已经说得够明白了。

照着做

你要相信领导能够以同样严格的标准和正直程度评估每一个商业案例，要准备好你的提案。

4.6 清楚你放弃了什么

许多项目产生了令人失望的财务结果，其根源就在于乐观和无知。

你所放弃的特别容易遭忽视。为什么不呢？放弃它们没有引起太多的反对，而且你在大部分时间里也没有利用它们。

许多问题在很久之后才会显露出来。为了对项目及其增加值有更全面的了解，你要在项目评估中考虑到这一点。意识到你放弃了什么能够增强你的责任感，提高你的工作价值。

你能看出这会对你项目的可信度产生什么影响吗？

来源：gualtiero/Shutterstock

照着做

确认组织要完成提议的举措可能会放弃金钱之外的东西。企业这么做是否自绝后路？

4.7 与其他事项的匹配度如何？

几乎所有的项目都要比我们最初想象的复杂得多。当我们最终确定了关键的路径和所有的条件之后，我们会觉得我们已经为项目的实施做好准备了。

如果一切都这么简单就好了。

来源: 123rf.com

项目本身依赖于其他项目的按时完成。项目没有按时完成很可能影响其他项目的进度。更直接的问题是，一个项目所需的资源通常是受约束的。当然，预算是个问题，但这个问题相对容易处理。更大的问题，也可能是重要的隐性结果驱动因素，即分配给项目的人员和工具。通常情况下，他们不会坐等着项目启动。大多数情况下，他们会被安排到其他项目中，而且会为这些项目工作很长时间。

明白了吗？要提前做好谋划，少量的适当变通就能使局面大为改观。

照着做

确认项目的依赖条件时，从一开始就询问每个相关人员的意见，而且要在制定商业案例的过程中不断征求他们的意见。让这一做法成为惯例。

详解

4.1 与公司战略保持一致

为什么

不靠运气取得长期成功的企业有两个共同点：清楚自己的战略并始终专注于此。

这两点为何会产生如此大的差异呢？

大海里有很多鱼，如果我们在前行的过程中追逐每一条经过我们航线的鱼，我们走不了多远。原因在于，资源是有限的，但机会比比皆是。要打好手里的牌，我们必须发挥自己的优势。当我们追逐不能让我们发挥优势的机会时，我们很可能错失了能让我们获得最佳结果的机会。战略及其支持的目标越明确，拒绝不能发挥我们优势的机会就越容易。组织内的这种认识越普及，其自行筛选出干扰举措的能力就越强。

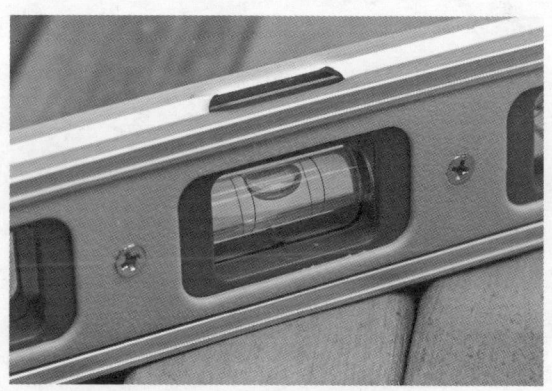

来源：Kamira/Shutterstock

知识简介

企业制定战略的目的是提供一个关于组织业务、发展方向以及计划如何实现目标的总体看法。如果你愿意，可以把它视为对组织问题的经济学分析（稀缺资源的有效配置）的提炼。

股东可以选择资金的投向，他们根据公司的既定战略和对以往业绩的评估，并结合市场机会做出选择。股东期望公司的业绩会优于市场上的竞争对手，这是很合理的，否则他们可能会投资于指数追踪基金。因此，股东的信任赋予了管理者坚守战略的义务。

当然，对战略的坚守能否成功取决于战略是否合理、是否适合于当前的形势。后一点很重要，如果战略仍适用于目前的形势，那么坚持它就是有意义的。如果你觉得公司因拒绝了与战略不一致的项目而错失了绝佳的机会，那么你就要先审核战略，然后再提出新项目，这样做往往能为你节省时间。

试着做

- 在评估提议的项目（或问题）与公司战略的匹配度时要实事求是。如果你发现自己不得不拐弯抹角地进行解释或者不得不玩弄文字游戏，那么战略一致性就可能存在问题。当一致性确实存在问题，但你的经验又促使你继续前行时，你要对战略一致的视角保持开放的心态。要在比较其他项目的基础上，分析如何确定优先分配给这一项目的资源。

- 当对战略和项目的关系没有明确的界定时，你可以运用可持续竞争优势这一概念。竞争优势指的是能够让你在竞争中保持前列、获得销售利润的优势，不管这些优势是否处于你的控制之下。可持续竞争优势是难以侵蚀和复制的优势。如果你的项目有助于建立、增强或延长你的可持续竞争优势，那么它就应该是符合战略的。

- 当你已经通过某些途径获得了一个最终不符合公司战略的想法时，你也不一定要一条道走到黑。想想身处同样情况的其他人是如何取得圆满结果的，比如通过建立合资企业或许可证协议实现目标。[1]

提示

- 试试这个终极性的测试：看看你能否令人信服地解决一个外人所带来的困扰，比如说你的配偶遇到的问题。如果不能，说明事情本不应如此。

- 在这里偏见很容易跑出来作祟，或者为图方便仅仅对战略做口头上的支持。毕竟许多战略文件看起来都很相似，很容易说做某些事情能提升你的竞争优势。但要记住，我们希望的是，当我们回望过去时，我们发现自己做出了最佳的决策。你是否满足这一点？

思考

- 你得到了什么启示？

1. 参见 6.5 节了解有关退出策略的更多内容。

- 你下次会如何做?

4.2 证实你的成功权

"看上去冥顽不化的事物,通常是缺乏清晰度所致。"

——引自奇普(Chip)和丹·希斯(Dan Heath)的《瞬变》(*Switch*)

来源: Pressmaster/Shutterstock

为什么

项目主管通常对决策建议获得批准所耗费的时间感到震惊和沮丧。审批者犹豫不决往往是因为对提案缺乏信心。这并不是说提案是不可思议的,而是提案的十足合理性没有被阐明。我们还是面对现实吧,审批者一般都是大忙人,他们有更多的事情要去做,这些事情比筛选提案或者询问人们以确认他们看到的不只是一个好创意好多了。他们就想知道公司能否交付好结果。

你阐释的理由越充分，你的决策得到批准的速度就越快。[1]

知识简介

原因很明确：你想要明确你的成功权，从而使管理层或投资者对你的项目树立信心。信心源于项目的可信度，而可信度又源于证明，在这里是对成功概率的证明。

也许更重要的是，了解你的成功权会使你更充分地了解你的项目基础。它确认了项目价值的基础，并指明了你应当关注的潜在不稳定因素。

试着做

下面列出了我多年来收集的证实成功权的事项。事项名单是变化的，你可以根据需要增加自己喜欢的。

商业案例——这是一个好创意吗？

- 匹配公司的经验和专业知识

- 彻底评估外部环境

- 利益相关者的支持

- 当前的位置或必须进军的桥头堡

▶

---

1. 请注意，批准速度本身不应成为目标。然而，我常常看到的情形是，当成功权明确时，提案会更快地得到批准。

实施和价值交付——可以做到吗？

- 参与决策制定的实施者
- 可利用的资源
- 项目团队的一致支持
- 责任明确
- 目标可实现
- 确证的成本
- 综合以往的教训
- 风险规划和缓解措施到位
- 价值交付计划到位[1]

提示

通过下列问题确定你的成功权：

（1）如果这是一个绝佳的创意，为什么没有其他人运用它？

最出色的答案能解释你公司运用它所凭借的独特优势，比如专利、目前的市场地位或早期的投资等。

（2）如果其他人也运用了它，我们还能从中发掘到什么好处？

你的项目很可能是你"留在游戏中的凭证"，这绝对没有问题，在此之后你可以尝试着提出"升级游戏"的方案。[2]

---

1. 见第 5 章的内容。
2. 见第 2 章的内容。

即使像更换屋顶这样简单的事情也是你进行评估的大好机会，你可以评估能否通过安装太阳能电池板、使用质量更高的绝缘材料，甚至为建筑物加高一层来增加更多的价值。

思考

- 你得到了什么启示？

- 你下次会如何做？

参考文献

Heath C and Heath D (2010). *Switch*. Broadway Books.

4.3 避免落入"毫无疑问"的决策陷阱

"没有数据，你只不过是另一个有意见的人而已。"

——数据科学家爱德华兹·戴明（W. Edwards Deming）

为什么

当你详细描述商业案例时，压力通常会增加。人们会为小道消息、高额预算得到划拨和潜在的供应商提出了可能影响项目成功的时间限制等感到兴奋。你不想看到有人对项目基础提出担忧，更不用说对细节提出担忧了。

随着截止日期的临近，使用"毫无疑问"这类俏皮话的诱惑会随之增加。用一个答复来回应这类问题花不了多少时间，通常还能改善决策和增加利益相关者的善意，偶尔也能阻止你赔了夫人又折兵。

知识简介

使用"毫无疑问"这个词是因为受到了美军 2003 年入侵伊拉克的决策过程的启发。美国政府此次入侵的理由是，据称伊拉克非法储存了大规模杀伤性武器（WMDs）。尽管在入侵之前没有找到证据，但高层政治人员在新闻发布会和听证会上一再使用"毫无疑问"这个词来肯定伊拉克存有所谓的大规模杀伤性武器。

关于是否找到了证明战争合理性的大批大规模杀伤性武器尚存在一些争议，但有一点是显而易见的：对 WMD 存量的预估明显大于之后的发现。到 2013 年，这场战争导致的成本约为 1.7 万亿美元（到 2050 年，由于要向退伍军人支付退休金和利息，这一成本会增加至 6 万亿美元），其中还不包括大量的人员和社会成本。

从决策分析的角度来看，我们的兴趣是，根据证据的可靠性来对比投入的幅度。[1] 尤其值得注意的是，军事干预一旦启动就难以在中途停手，而且耗费的成本更高、投入的时间比设想的更长，这是军事干预的显著特征，对伊拉克的入侵也不例外。最初的设想是，两年的干预成本

---

1. 本书无意于评判任何决策的可靠性。提及现实中的案例只是为了说明并具体化一般的决策制定教训。正如我们在其他地方讨论的，我们的目的是在最出色的洞见和当时获得的可用信息基础上做出最佳决策。

至少为 1000 亿美元。

　　吸取这一例子的教训后可知，通过寻找可能存在"毫无疑问"心态的迹象来证明我们的决策过程只是迈出了一小步。

试着做

　　无论你是提问者还是回答者，毫无疑问的问题都可能让你感到不舒服。有时你觉得提出问题是愚蠢的，别让这样的想法阻碍了你。作为一位回答者，有不适感是因为你没有现成的答案，难以给出一个确切的回复。无论如何，不适都不是逃避问题的借口，你要直面问题并下定决心去解决它。

　　下面是一些常见的有问题的陈述，人们常常把它们当作"让我们继续前行"的借口。这些陈述中，没有一个能足以说明一个项目的合理性。每一个陈述背后都隐含着这样的一个建议：为了消除疑虑，"让我们更深入地探究一下吧"。看看下面哪些陈述会出现在你的决策过程中。

- **项目已经获批了。**文书工作只要跟上现实即可。我们要确保文书工作的可靠性。如果"得到批准"的决策需要调整，那么最好拿出勇气，马上"踩下刹车"（注意，良好的治理有时会与繁文缛节相混淆，治理良好的企业不会允许管理者毫无约束地做出决策）。

- **这是首席执行官想要的。**这通常是对转移责任的一种解释和伪装。当然，大多数 CEO 都希望问题得到解决，他们相信管理者会做出正确的决定。任何一位 CEO 都不愿意签署一纸空令来"解决你想让我们解决的问题"。

- **这是战略上的当务之急。**我们已证明这一点了吗？不赚钱的战略不会让我们走太远。我们了解战略及其框架内的具体项目所创造的价值吗？

- **我们之前已多次这么做了。**这可能是事实，但这并不意味着我们要再做一次。这是我们要继续解决的问题吗？如果是的话，这还是最佳的解决方案吗？我们从过去的方案实施中学到了什么？随着时间的推移，哪些方面发生了变化，我们如何做相应的调整？

- **已经火烧眉毛了。**果真如此的话，要想办法止损。区分为阻止可避免的损失必须立即做的事情和能对战略产生深远影响的选择。在"火烧眉毛"的情形下，以培养、坚持、容忍、释放的活动观来指导你的思考对你是非常有益的。

来源: Ron Frank/Shutterstock

- **单从提高效率这一点来看就是值得的。**能提高效率确实很棒，但是，当要花钱去提高效率时，你就得三思了。许多提高效率的举措可以让你在更短的时间内以更少的精力完成同样的目标。除非你能利用腾出来的时间得到更多的价值或者去掉某些成本，否则，企业从中得到的好处不太大。

提出这一问题：如何将决策转化为现金储蓄或增量利润？

* **这是不动脑筋就能认同的决策。**真的吗？告诉我，你是如何得出这一结论的。[1] 什么能阻止它成为这样的决策？又是什么让它成了这样的决策？

* **他们乞求通过这个方案。**这不能取代了解问题的紧迫性和战略重要性以及提议的解决方案的适宜性。最好把时间花在该做的事情上。

* **尽管回报可怜，但我们不能不这么做。**如果这是真的，那么问题指向的应该是一些更加难以确定的值，可能是一个战略推动因素或者无形的利益。对于这两类因素，设定一个范围可能是解决之道。展示未来的步骤能够从战略桥头堡的建设中挖掘出什么价值，尽管这可能需要额外的投资。就无形因素而言，确定它会对公司产生多大的价值，指出最小值和最大值，你敢这么说的原因是什么？

这些答案是否改变了对支付能力的质疑？

提示

对公司或项目事务参与越多，发现这类"毫无疑问"的陈述就越难。问问你自己，你的配偶或孩子会对你的项目提出什么问题，或者今年想获得分红而不想再追加投资的一位股东会对你提出什么问题。只有这些时候你才不会说出带"只是因为"字眼的答案。

---

1. 3.7 节中的收缩包装案例起初是以"不动脑筋就能认同的"项目提出来的。一点"不怀疑"改变了它。

思考

• 你得到了什么启示？

• 你下次会如何做？

参考文献

See http://www.reuters.com/article/us-iraq-war-anniversaryidUSBRE92D0
PG2013031414 March 2013.

See http://www.cheneywatch.org/speeches-and-interviews/
cheneyinterviews/interview-with-vice-president-dick-cheney-nbc-meet-the-
presstranscript-for-march-16-2003.

4.4 统筹协调、上下联动

为什么

在大多数组织中，审批者抱怨说，他们总是能听到决策过晚的说辞。他们不喜欢在时间压力下审查决策，特别是时间很紧，导致决策几乎没有质疑和改变的余地。若审批者能积极主动一些，并且运用行政管理资源助推而不是妨碍项目时会更好。

知识简介

高管参与的时间有多晚

我们以前都见过这样的情形：几个人提出了一个创意并为其制定了初步的商业案例。有人提议让高层管理人员参与早期案例草稿的拟定，每个人都认为这是好事，但不知何故，这一刻一再延后。商业案例还未准备好，所有人都害怕因回答不了有关项目的一系列问题而处于尴尬的境地。商业案例是不断变化的，未准备好的借口使高管的参与一拖再拖，直到商业案例准备就绪或者某些事情的发生迫使决策必须立即被做出。

早期协调的好处

最明显的好处是节省时间。如果早期高管的审核结果是，项目没什么前途，那么提前取消相关的举措可以节省大量的时间，组织可以将这些时间用于更有价值的项目。当项目前景看好时，早期的协调有助于节省审批时间。

精干的管理团队更倾向于快速地审查一份报告，因为他们知道，他们的意见已在适当的时候得到了倾听，而且他们了解报告的相关内容。虽然快速签署报告本身不应该是一个目标，但较早获悉报告内容往往能

来源：Leah-Anne Thompson/Shutterstock

加速审批进程。

　　除了节约时间外，管理人员也可以利用他们的知识、经验和洞见及早做出贡献。这样，他们也更有可能关注项目之后的进展，形成一个非正式的所有人圈子。

试着做

- 运用正规流程，如定期的创新评审或项目传递评审，确保每一个项目都经过了必要的阶段审查并达到要求。这往往表现为一场出色的讨论会，它能使高级领导者和其他利益相关者有规律地尽早完成工作。

- 在传递评审过程中，确保将相关的意见和建议整合进你所属项目的商业案例中。

- 在制定商业案例时，一开始就要确认审批项目的人是谁。在大型或更复杂的组织中，并非所有高层审批人都能成为项目评审人。在此过程中，要根据组织的实际情况打通沟通渠道，尽早获得审批人的意见和看法。

- 利用传递评审会议、预约电话或者商业评审会议的议程安排进行互动，协调上下级意见。这样，高级领导者能听到其他人的疑问和关切点并在此基础上做出决策。如果不能在会议上互动，在运用电子邮件沟通前，可先尝试进行个人间的互动。

- 当你最终使用了电子邮件时，要写清楚你想要对方就哪些问题提出具体的意见、指导或支持。你与其他人或潜在的交易者也可能讨论过相关问题。要为对方就其他未言明的问题发表高见留出空间。

- 就复杂的项目而言，你可能需要核查上下级的立场是否一致，也许还不止一次。无论是具体日期还是项目的重大事件，都要提前做好核查安排。

提示

当任何项目得到特许时，每个部门的首脑都要签署特许文件。[1] 这样，所有部门从一开始就知道发生了什么。如果觉得没问题，部门主管们只需签字即可进入下一步骤。当他们有问题需要处理时，部门代表参与项目或者获悉项目进展情况的大好时机就来了。现在他们不能以"不知道"作为借口了。

思考

- 你得到了什么启示？

- 你下次会如何做？

---

1. 电子应用程序能加快完成这一过程。

4.5 不要猜测领导的心思

为什么

要重事实轻虚构，解释领导者的优先事项和原则时，这一点最容易被忽视。

假定的重点事项通常以脱离了背景的评论为基础，它们偶尔也被视为做出可靠决策的捷径提示。大多数领导者不希望员工因为听了他们的话才做事，他们希望员工做事是因为组织的需要。他们希望人们能积极主动地做事，不要像拴在绳上的木偶。

知识简介

领导者的日程一般都安排得很满，而且领导者通常给人难以接触的感觉。每个人都善于观察领导者传递到组织内的信息，无论是在现场专访、常规会议中，还是在博客和电子邮件中。人们会从领导工作的方方面面发现主题并得出自己的结论。

特别是当领导者谈到某一主题下的具体事项时，例如"我认为可持续能源是未来的发展趋势"，员工们可能认为这位领导特别支持可持续能源领域的措施。这可能激发人们对相关倡议的热情，这些倡议可能由于商业上的合理性比较薄弱而一直处于计划阶段。这种情形下，过分依赖与青睐的主题、地域、解决方案类型的联系可能产生一个看似精彩的故事，但几乎没有证据能证明它是一个站得住脚的商业决策。

员工们有时会忘记这一点：企业领导人跟其他人是一样的。他们在经历了职业早期的艰辛后，现在身处一个有责任提供支持的位置了。虽然也有例外，但大多数领导者都希望，他们与董事会成员就所签署的任何商业案例的诚实性持相同的看法。很容易被解读为"我们这么做是因为 CEO 认为它很重要"的商业案例不会得到许多领导者的支持，而且他们不支持的理由很充分，他们没有看到证实商业案例合理性的证据或见解。批准这样的案例只会损害他们的诚信，这是他们大多数人都珍惜的品格资产。

实例

在《成功的科学》(*The Science of Success*) 一书中，查尔斯·科赫讲述了一则轶事：他发现，集团所属的一家企业仅仅因为他出于好奇询问了一些业务方面的问题，就开始定期编制所谓的"查尔斯表"。企业自身并不使用这些图表或任何与之相关的洞见。查尔斯意识到这一点后，马上要求企业停止编制这种图表。不谈他最初的兴趣，他最重视、最希望的是，企业能把资源运用在能够创造价值的地方。这个例子表明了领导者的言论是多么容易遭误解并导致不必要的行动！

试着做

- 以同样的诚实性标准对待每一个商业案例。

- 花时间分析每一个案例的成本、风险和回报。

- 尽早确定 CEO 的兴趣，无论是你自认为的还是事实上的，这样做对你有好处。

- 确认这些兴趣的性质并有针对性地对其进行预期管理。

- 预期管理有效的典型领域：

    - 成本、风险和回报的确定性；

    - 可靠的商业案例需要的时间和资源；

    - 紧急状况下的驱动因素；

- 机会成本。例如，要优先安排这一项目，我们必须延后 XYZ 项目。

- 在可能的情况下，要对精确性、严谨性、原则和业务等方面需做出的权衡取舍了然于胸。

提示

- 当你发现自己在猜测 CEO 的意图或者讨论偏向了 CEO 青睐的方式时，要尽早停下来。把时间花在需要澄清的问题上，并将相关信息简明扼要地传达给有关领导。以事实为准绳，弄清楚你的不确定因素，并对可能的答案保持开放的心态。

- 在任何沟通中都要注意，领导可能已在他人的引导下对提议的项目有了乐观的了解。因此，在序言中要加入"初始假设"和"进一步的分析表明"这样的话语，这可以为你展示问题做好铺垫。

思考

- 你得到了什么启示？

- 你下次会如何做？

参考文献

Koch C (2007). The Science of Success: *How Market-Based Management Built the World' s Largest Private Company*. John Wiley & Sons.

4.6 清楚你放弃了什么

为什么

通常情况下，我们在事后才能意识到，通过选择以特定的方式运用资源会让我们付出何种代价。你对所需的资源以及它们之间的权衡了解得越清楚，你对机会成本的具体化就越出色。你现在描绘得越清楚，你将来后悔和发生意外的概率就越低。[1]

知识简介

成本范围

资源的机会成本各有不同，这要看对其可能产生的用途的界定。金钱是一个极端的例子，它有无限多种使用类型和使用时机。而从另一端来看，一些资源的使用类型高度依赖于其位置、生产能力、性能和可获得性。问题不是如何使用资源，而是能否使用资源。

---

1. 这里仅仅指的是与资源的利用和价值有关系的后悔与意外，其他方面也可能出现许多意外。

金钱

可能是因为"成本"这个词的缘故，人们通常以钱来衡量机会成本。有了钱，你可以选择买车、买教育服务或者买房。但一旦你做出了选择就可能会失去其他机会，比如说买了车，你就没有足够的钱买房子了。买车的机会成本是不能购买你想要的房子，这样你就得在很长的时间里继续过你目前的生活了。

来源：vladm/Shutterstock

就金钱的机会成本而言，很重要的一点是，如果你不知道如何、是否或什么时候用钱，你可以把它存在银行里以备日后再用。把钱存银行的潜在机会成本是，你放弃了从你不知道的、不感兴趣的或者因没有非财务资源而错失的机会中获得的高收益。由于你原本就因某些原因抓不住机会，因此这里的机会成本被认为是无关紧要的。

时间

成本范围的另一端是时间。时间与其他资源不同，它不能被储存起来以备日后使用。时光一去不复返，你也无法"借来时间"。[1] 在组织范围内，时间的机会成本通常体现为对劳动力和生产设备的可用时

---

1. 虽然时间有限且容易流逝，但近年来的很多文献都讨论了如何释放时间的问题，要么是提高内部工作效率、排除无益的事项，要么是将某些工作外包。

间的利用。

　　时间的瞬时效用带来的启示是，要最大化你的机会（或保持最低的机会成本），你必须一直致力于最重要的行动或计划。[1] 这里有两点你不能做：①为追求更好的机会开展太多的活动，②从你最重要的事业中分散了太多的精力，甚至让你分心的事务只是为其他新计划评估机会成本。

来源：iQoncept/Shutterstock

　　那么问题就变成了如何才能在集中精力把握你最重要机会的同时不错失其他更好的机会。这需要你提前下足工夫，要清楚你想要实现的目标，以及实现目标需要完成的重大事项。通常情况下，完成一个项目或一组项目就完成了这些事项。一旦明确了这一点，你就可以集中精力完成这些重大的事项。如果有新机会来临，你只需要听听它能否让你更快、更好地完成下一个重大事项就可以了，其他的什么都可以忽略。这种做法带来的自由和专注对完成那些重大事项具有巨大的意义。

---

1. 难怪优化的基础案例源于运营管理学科。

待启用资源（Enabling resources）

待启用资源是一组使用情况尚待确定的资源。我们做出的选择越多，我们隔绝的收益机会就越多。一些机会的隔绝不是无限期的，其他人在付出转换成本或者在完全调转发展路径后还可以重新打开机会之门。[1] "待开发地区的"土地就是绝好的例子。起初，对这样一块土地的用途范围仅限于人们的想象：它可被用来挖矿和采掘，也可被用来建设飞机跑道或者公路、铁路，还可被用于民用、商业和工业领域。但一旦有了确定的选择，比如建造大楼，这块土地就不能用于建设机场或矿场了。下面是一个土地的未来用途已被明确界定的实例。

实例——土地的机会成本

同一企业的两个生产工厂相距约 80 千米。A 是一个现代化的、先进的高效工厂，位于一座繁华城市的郊区。该厂约在 10 年前投入使用。

去年，由于资本投资滞后，企业决定使用部分资本预算购置一块土地。该地块毗邻 A 厂，其主人正急于出手。企业购得该地需要支出 1000 万英镑，这比专家预估的市场价值低了 10%。该地块的位置交通便利，很适合一般性的工业活动，同时，该地区对工业区的土地需求持续增长。

工厂 B 已有 40 年的历史，厂房、设备都很陈旧。这里的物流规划不合理，一些基础设施的运转导致了员工健康出了问题，而且没有扩张的空间。多年来，该基地被居民楼包围，而且有机会以 2000 万英镑的价格出售给开发商。要继续运营该工厂需要花费至少 400 万英镑（要符合工人安全法

---

1. 参见 6.5 节，了解更多有关退出策略的内容。

的规定),而且这一支出不会带来任何增量收益。

　　项目组建议出售 B 厂,将 A 厂扩建到新购的土地上并且以 1800 万英镑的成本将 B 厂迁至 A 地。B 厂的迁址将占用约一半的新购土地。运营效率的提高将大体上抵消为 B 厂的客户服务所增加的运输成本。

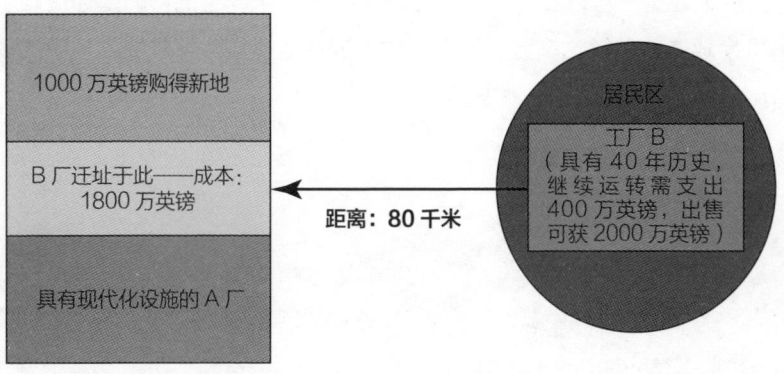

　　该建议显示,迁址项目不必支付在 A 址的土地使用费。团队给出的理由是,那块地已属企业所有,企业不会因项目使用那块土地而减少现金余额。无论这一理由有多合理,由于部分土地已被项目占用,它就不能在房地产市场上出售或者用于其他机会了。因此,在项目中应考虑土地使用费。机会成本不仅仅是纸面上的成本,还包括企业将 B 厂迁到其他地方时可能支付的成本。由于使用了那块土地,可出售的土地变少了,这会导致成本,但这一成本容易被忽视。

　　接下来的问题是确定使用土地的费用。每平方米的平均价格是个不错的初始参照,但还是要进行全面的考虑。如果对土地的使用影响了其余土地的可销售性,那么就要在费用中反映出这一点来。比如,B 的迁址可能会影响基地的行驶通畅性或者电力、水力等公共资源的可用性。周围的人喜欢做 B 的邻居吗？尽管不大可能得到精确数值，但任何房地产经济人都应该能粗略地评估 A 厂的扩张对剩余地块的价值所产生的影响。

从上述例子可以看出，全面考虑你的选择所产生的影响是你正确了解机会成本的关键。毕竟，对机会成本的忽略是导致一般资本项目的收益比预期低 70% 的一个重要原因。

试着做

- 首先定义 OBC，这样你就可以与你放弃的最有价值的替代方案进行比较。[1]

- 确定你计划使用的主要资源。

- 区分实施（"将项目落实到位"，通常是临时性地使用）和执行（"把钱赚回来"，由项目界定的使用期）。

- 对于目前投入使用的资源，将它们的使用价值与它们在项目中的使用价值进行对比。是否有其他项目正考虑使用这些资源？

- 对于闲置资源，了解企业保留它们的原因，并且与释放它们的成本或价值进行对比。这些资源是否有其他用途？

- 对于为项目采购的资源，将采购成本与用同样的钱购买

---

1. 参见 3.1 节。

的其他资源的价值进行对比。[1] 你目前对资金的使用是否是最高效的?

- 可能的情况下,将转售、升级或回收利用的价值纳入比较中。

- 区分现金和非现金成本。

- 当被问及非现金机会成本的问题时,可用上面的土地案例进行解释。

- 最后的检验:考虑到机会成本后,是否还能证明项目是值得的(收益大于成本)?

提示

　　新产品的推出往往会忽略自相蚕食的机会成本。新产品上市,现有的一些客户会将需求转向新产品。推出新产品时,要考虑到旧产品销量的减少,将其视为新产品推出的成本,否则你会高估了商业案例的利润。作为经验法则,可用你的平均市场份额作为推定的自相蚕食量。[2] 该数值是否需要调高或调低,你对此有何高见?

---

1. 一般默认的基准是加权平均资本成本(WACC)。根据这一基准,若能产生比资金成本更多的价值,则任何事项都是值得做的。明确知道你的项目会增加 WACC 时,可运用资本的边际成本作为基准,它是你项目特有的资金成本。
2. 在这一例子中,如果你占有 30% 的市场份额,那么就假定新产品 30% 的销量源于对你旧产品的蚕食。

思考

- 你得到了什么启示?

- 你下次会如何做?

参考文献

Allen D (2001). *Getting Things Done: The Art of Stress-Free Productivity.* Penguin.

Carey N (2012). *The Epigenetics Revolution: How Modern Biology is Rewriting Our Understanding of Genetics, Disease and Inheritance.* Columbia University Press.

Ferriss T (2007). *The 4- Hour Workweek.* Crown Publishing Group.

4.7 与其他事项的匹配度如何？

"傻子忽略复杂性，实用主义者忍受它，一些人可以避免它，而天才去除它。"

——计算机科学家、图灵奖（Turing Award）的首位获得者
艾伦·佩利（Alan J. Perlis）

为什么

大多数项目决策都是孤立地做出的，然而在现实世界中，项目与其他项目存在关联，要么是依赖其他项目，要么是影响其他项目，抑或兼而有之。企业必须清楚这些关联，这样才能确定单独看起来很棒的事物能否适应未来的经营环境。

知识简介

组织规模越大，复杂性也越高。在大型组织中，很多计划出台时，不是每个人都能意识到一些漏洞，结果意外就会发生。有时候问题很容易解决，特别是问题在早期就被发现时。而另一些时候，处理意外的问题需要付出更大的成本，甚至可能导致完全放弃一项计划。

实例

　　根据当地业务部门的要求，一家制造业集团的中央工程团队建议装备一条价值 1500 万美元的先进生产线，这条生产线能维持 20~30 年的时间。建议中包括使用当地工厂的一些闲置空间。工厂的地理位置优越，恰好位于主要销售区域的中间位置。

　　订购生产线后，项目组开始了安装的准备工作。该小组从不动产团队获得了为一栋建筑物提供公共服务的供应点及供应能力的详细信息。在之后的讨论中发现，由于维护成本上升和安全问题日益突出，不动产团队计划在未来 5 年内拆除该建筑。项目组重新审视了之前的建议，增加了 300 万美元的新建大楼费用。尽管这笔费用在最初是无法预见的，但在可预见的未来，重置生产线的成本以及潜在的业务中断风险带来的损失估计会超过 300 万美元。

来源：Gunnar Pippel/Shutterstock

　　好消息是，在大多数企业中，复杂性是有条理的，就像行星的轨道。换句话说，这更多的是视野限制的问题。一旦你去寻找，你就会发现好机会并快速地为它们建立模型。可将其与容器中气体分子的那种混乱的复杂性做一下对比。

试着做

- **容易部分：**确认你项目的依赖条件是否就绪。如果已经就绪，能否保证未来的可用性？如没到位，如何才能确保它们准时就绪并处于待命状态。

- **较难部分：**项目对当前的运营有何影响？花时间与由各业务部门的代表组成的团队进行全面深入的讨论。区分实施（可能中断）和实施后的一般业务进程间的区别。

- **困难部分：**哪些类型的计划，无论是否在酝酿中，依赖于这个项目的结果（商业结果）或产出（完成的事项）？项目是否具有适当的灵活性？调整值得吗？如果未来的项目不太确定，或者为了应对不确定性而提高灵活性的成本太高，就要有意识地忽略它们。

提示

从一开始就征求这三类关系所涉及的每个人对项目的意见，而且在制定商业案例的过程中要不断征求他们的意见。让这一做法成为常规。

思考

- 你得到了什么启示？

- 你下次会如何做?

第 **5** 章

为成功做准备

5.1 明确真正的价值驱动因素

对项目意图 [1] 和价值驱动因素的假设出现细微不同的解释都会造成破坏性的偏离。在许多商业案例中，数量被视为关键的价值驱动因素。然而，大多数时候，数量只是精心安排潜在的价值驱动因素的结果。明确价值驱动因素，为取得成功而努力。必要时要剥掉洋葱的几层皮，你就会得到一个高效配置资源和分辨主次的高效平台。

来源：cloki/Shutterstock

照着做

从这一目标起步：给公司赚 1 英镑的利润。要实现这一目标需做哪些准备？

---

1. 见 1.5 节的内容。

5.2 做好犯错的准备

在你的商业案例中，你可以确定的一点是，预期回报与实际结果会有出入，你胜算的可能性比较低。通过预测哪个环节出了问题，无论是上游的还是下游的，这样做可以控制系统并使你认清形势，理清思路。

"与花时间解释你为什么没有做好相比，直接做好一项工作要容易得多。"

——美国第 8 任总统马丁·范布伦（Martin Van Buren）

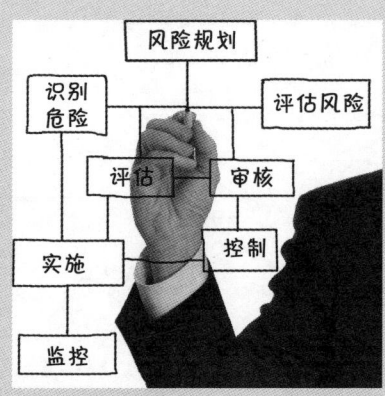

来源：Stephen VanHorn/Shutterstock

照着做

设想沃伦·巴菲特正投资于你的项目，他只定了一条规则："不要犯任何错误。"

你最想调整你项目计划中的哪些内容？

5.3 确定结果范围

当你期望的情形有赖于太阳、月亮和星星同时闪耀的时候，这是一个不容乐观的认识。这种"完美风暴"情形出现的概率有多大？你会认为这只是个不符合规律的例外。

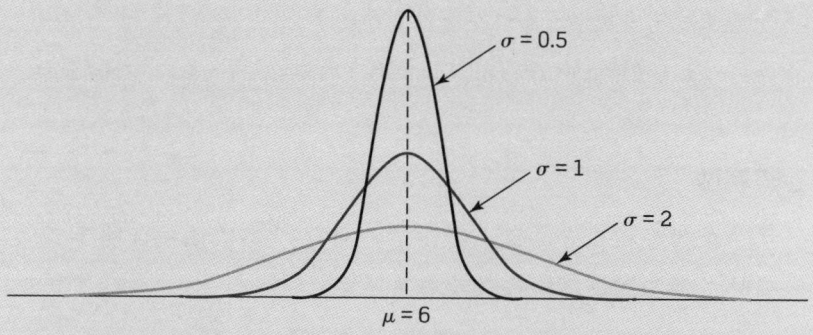

"只因为一个结果是最有可能出现的并不意味着它就能出现。"

——哈里·恩腾（Harry Enten）在 538 博客中（fivethirtyeight.com
一个专注民意调查分析，政治、经济与体育的博客）的言论

现实点吧，承认你的"完美风暴"情形只是个例外吧。运用你确认的价值驱动因素来确定你项目的结果范围吧。你担心这会减少预期的回报吗？随它吧！你认为这会对你的信誉造成什么影响？

> **照着做**
>
> 　　想象一下，同时做同样的项目十次（类似于一场赛跑或掷十个骰子）。虽然商业案例是一样的，但结果会有所不同。最好的结果是什么？最坏的呢？原因何在？

5.4 鼓励建设性的挑战

人们一直在追求无偏见的决策。对你的假设和理由提出的挑战越多，你的思路就会越清晰，你的案例就会变得越强大。

有组织的挑战会带来一个好处：揭示出隐含的假设。这些假设有目共睹，却很少得到关注。将它们纳入考虑会产生很好的效果。

"在卓越的团队中，冲突会变得富有成效。"

——《第五项修炼》（*The Fifth Discipline*）的作者彼得·圣吉（Peter Senge）

照着做

在利益相关者会议上提出这一问题："当假设被证明不正确时，哪些假设可能导致项目失败？"

5.5 指定价值驱动因素的所有人

没有指定所有人的价值驱动因素会经历各种公共用品悲剧[1]——每个人都认为其他人在照顾公共用品，结果是没人照顾它们。在制定商业案例时，一旦你确认了价值驱动因素，就要为它们分配好所有权。所有权明晰能够减少一些事情被疏忽的概率。

来源：David Kochermans/Shutterstock

所有权明晰后，所有人就有兴趣阐明并验证支撑货物交付的假设。有了明确的认识，资源配置就不像猜谜游戏了，价值交付更多地成了一个既定的过程。

1."公用品悲剧"是一个术语，可能最初由威廉·佛司特·洛伊（William Forster Lloyd）提出，后经加勒特·哈丁（Garrett Hardin）使用。该术语表示的是这样一种情形：为自身利益独立和理性地行动的个人，其行为会耗尽一些公用资源，从而有损所有使用者的最大利益。

照着做

　　设定高目标：让价值驱动因素的所有人制订计划，计划要坚定到使他们愿意赌上退休金或孩子的大学基金的程度。

5.6 广撒结果之网

　　想象一下，当你在浅滩撒下一张特别窄的渔网捕鱼时，你要么会错过一部分鱼，要么会错过全部。设定结果范围也是如此。将范围设置得足够宽是囊括大部分可能结果的关键。事实证明，人们在设置范围时太过自信以至于不能捕获 90% 的可能结果——"自然人"撒下的网很可能只捕获了结果的 30% 左右。运用一些简单的洞见获得一张"尺寸适宜"的网。

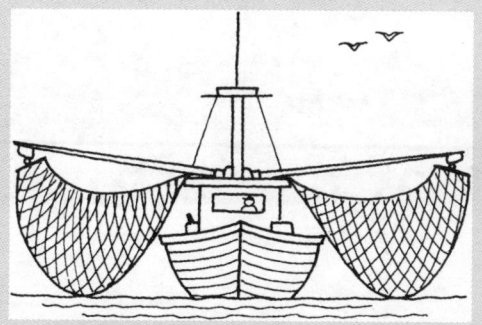

来源：培生教育集团（Pearson Education, Inc.）

照着做

　　根据四五个人的小组建议，确定最高值和最低值，为结果设定足够宽的范围。

5.7 减少下限情形，最大化上限情形

能在 90% 的时间里拥有"合理的结果范围"是件大好事，但如何才能发挥它的优势呢？其实很简单，就像你手里有一张尺寸适宜的渔网一样，你要使用它且要用好它。预计你能得到以下三种结果：

1. 明确相关的 [1] 潜在负回报区域及应对之策；

2. 明确是否将项目资源用于最小化下限风险或最大化上限机遇；

3. 与其他项目进行全方位的比较，根据实际风险对项目排序，这一方法尤其适用于需要对回报水平相同的所有项目进行排序时。

来源：Greg Epperson/Shutterstock

照着做

利用你的结果范围确定你要率先对范围的哪一端进行价值优化。

---

1. 相关性分析与敏感度分析相反。在敏感度分析中，预测的结果通常是价值驱动因素的理论变化幅度。这种分析中，经常看到价值驱动因素 10%~20% 幅度的变化，但从该分析中看不出变化发生的概率或项目的结果范围是否足够广。

详解

5.1 明确真正的价值驱动因素

"并非所有重要的东西都能计算清楚,也并非所有计算得清楚的东西都重要"。

——威廉·布鲁斯·卡梅伦(William Bruce Cameron)所著《非正式社会学》(*Informal Sociology*), 1963 年出版

为什么

不论喜欢与否,在制定商业案例的过程中,除了让项目获批(是正确的吗? 不。是真的吗? 是的),大量的精力通常被用于确保项目的成功实施(使项目到位)。不幸的是,这只是强调了项目的成本面。就获得回报而言,项目实施后才开始交付价值,而且这应该是更有价值的,也是更复杂的部分。毕竟,按具体要求下订单和整合事物往往要比在可预见的未来从它们身上抽取足够的价值容易得多。[1]

知识简介

这正是我们对根本原因的洞见发挥作用的时候。[2] 我们要把注意力集中在原因而非症状上。

---

1. 这是一个捷径,但没有任何不尊重项目交付专业人士的意思。
2. 见 1.2 节的内容。

实例

一家消费品企业正考虑在人流密集的区域内安装自动售货机以开辟新的营销渠道。该企业对价值驱动因素进行初步评估后认为，销量是关键。

原因：没有销量就没有项目价值。遇到挑战时，项目团队运用了5问法。他们很快认识到，数量是其他因素发挥作用的结果。这种情形下，位置、维护和产品的可获得性都是项目取得成功的关键价值驱动因素。

仔细想想，你会觉得这很有道理。把自动售货机安装在少有人经过的地方时，销量很难大幅增加。由于自动售货机本质上是无人监督的，定期的维护检查就很重要。若是设备出现了故障，无论每天有多少感兴趣的买家经过，商品的销售都会受到阻碍。

产品销售不出去就不会有销量。这些类型的价值驱动因素很容易被忽略，因为它们很难在有关项目回报的电子表格模型中显示出来。

项目团队认识到，由于自动售货机是企业的新市场销售渠道，他们需要学习在不分散组织精力的情况下处理这些明显的价值驱动因素的方法。若没有意识到这一点，他们会依靠现有的维护和产品供应流程，而且会经常面对本可预防的"无法销售"事件。他们运用标杆分析法确定了选择位置的适用标准，这有助于决定位于"最佳位置"的自动售货机的数量。

来源：Jorg Castensen/培生教育集团

我们之前已经区分了实施和价值交付的区别。[1] 区分它们的一大原因是，这两个阶段涉及的人员可能有所不同。从上述的自动售货机的例子可以看出，确认的数量驱动因素大部分都属于价值交付领域。就连位置选择驱动因素（实施阶段）也包含着较大的价值交付成分，但大多数与实施有关的价值驱动因素都涉及成本。

总而言之，你越了解项目创造价值的途径和获得价值所面临的威胁，你就越容易聚焦于重要的事项。如果一些事项比其他事项更重要，请确认哪些驱动因素优先。一些比较难做的事项可能很有意义，值得你为之努力。

> **试着做**
>
> - 确定项目的主要收益和成本。
>
> - 确定哪些因素能使收益和成本变为现实，我们将其中重要的因素视为关键的价值驱动因素。大多数项目都有 2~4 个价值驱动因素。如果你有更多的价值驱动因素，请保留重要的 7 个。

---

1. 见 1.7 节的内容。

- 为每个关键的价值驱动因素指定一位所有人，包括那些作为关键价值驱动因素的不在你控制之下的外部因素。

- 按你的预期为每个关键价值驱动因素的演化做出假设，明确你做出这些假设的原因。

- 强调你从过去类似的项目中汲取的经验。这些经验如何反映在你的提议中？

提示

对于可能的价值驱动因素，当你只见树木、不见森林时，问问自己这个问题：倘若你是这个项目的负责人，哪些因素可能使你夜不能寐？

思考

- 你得到了什么启示？

- 你下次会如何做？

5.2 做好犯错的准备

"我不相信做出正确的决策。我相信做出决策并使它们正确。"

——塔塔集团（Tata Group）前主席

拉坦·纳瓦尔·塔塔（Ratan Naval Tata）

为什么

无论想法有多好，总有一些事情是你无法控制或无法预见的。等待是无益的，因为机会可能溜走（拉坦·塔塔上述的引言就蕴含着这一观点）。风险是商业决策所固有的，成功的应对之道是量力而为。这样做的好处是：

1. 能够在压力较小的情况下思考问题，这能提高创造力，有利于找到更佳的解决方案；

2. 可以选择提前出台预防性措施，降低风险，减少因"救火"而导致的分心。

"我只有两条规则。第一条是：不要亏钱。第二条是：永远别忘了第一条规则。在股市中赚钱的人并没有做出大量明智的决策，他们只是没有做出可怕的决策而已。"

——投资家沃伦·巴菲特

知识简介

沃伦·巴菲特最大化其机遇的方法是，坚守自己熟悉和了解其风险的行业——他称之为自己的"信心圈"。他认为"救火"会让人分心，使人无法将全部精力投入到真正想做的事情上。越了解结果范围，就越能提前做好准备。

可以这样理解上述塔塔的引言：不要进行过度的分析，要保持前行并直面一切可能的结果。这番话有无道理要视情况而定。他是从印度起家建立他的联合大企业的，随着市场的不断变化，再加上该国拖沓繁琐的司法体系，他持这样的心态是可以理解的。

通过在既定的道路上保持前行来解决问题，这一观念曾于 1967 年被阿尔伯特·赫希曼称为"隐藏之手"[1] 现象。受亚当·斯密的"看不见的手"的启发，它可被总结为这样一种观念：当一个人决定做一个项目时，对未来阻碍的无知会使他理性地做出启动这个项目的选择，而项目一旦启动，要放弃它就为时已晚，这个人就会创造性地克服前行途中遇到的阻碍。

尽管这一观念是根据具有启发性的轶事提出来的，但最近的研究认为，实际上存在两只"隐藏之手"，一只是"仁慈的隐藏之手"（赫希曼提出的），另一只则是"邪恶的隐藏之手"。后者存在于绝大多数的项目中，它不仅隐藏了最初的障碍和困难，而且阻碍了创造力的发挥。长话短说就是，你要提前了解拟进入的领域。

试着做

- 让价值驱动因素的所有人各自列出他们担忧的问题。
- 让他们一起审核关切的问题，并对需要解决或缓解的问题进行排序。[2]
- 与利益相关者一起审核项目风险管理计划。

提示

运用"配偶测试"法确保你没有出现任何纰漏。

---

1. 与"原则"相区别。
2. 见第 6 章有关深度诀窍和综合风险管理计划的洞见的内容。

思考

- 你得到了什么启示?

- 你下次会如何做?

参考文献

Flyvbjerg B and Sunstein CR (2015). The principle of the malevolent hiding hand;or, the planning fallacy writ large (1 September 2015). *Social Research,forthcoming.* See http://ssrn.com/abstract = 2654423.

Forbes (2010). *Jay-Z, Buffett and Forbes on Success and Giving Back.* 23 September 2010. See www. Forbes.com.

Hirschman AO, Cass RS and Alacevich M (2014, first published in 1967) *Development Projects Observed.* Brookings Institution Press.

5.3 确定结果范围

为什么

在项目的决策和实施过程中，保持头脑冷静对成功很重要，结果范围可助你一臂之力。适宜的结果范围能清楚地展示关键驱动因素之间的相互影响、可能发生的极端事件及其对回报的影响。这些认识有助于你聚焦于最重要的事项。

别搞错了，结果范围并不表示在既定的范围内，处处皆可获得回报。对预期收益负责的应该是项目的所有人。

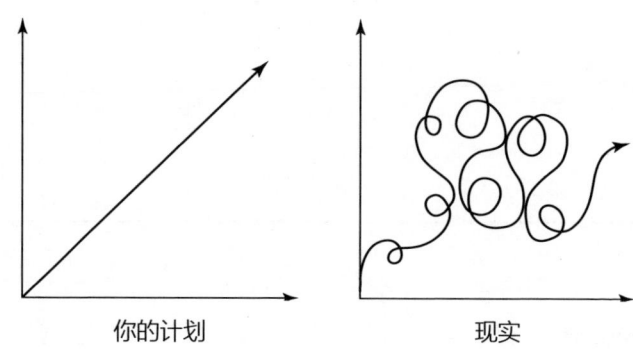

知识简介

我第一次接触结果范围时，正为科赫工业公司（Koch Industries Inc，KII）的一家子公司效力。该公司运用以市场为基础的管理模式（Market-Based Management，MBM®）[1] 管理各项业务。自 1967 年以来，该公司运用这套模式实现了 2000 多倍的销售增长。

结果范围可被称为"框架敏感性分析"，敏感性分析结果通常被视为

---

1. 在《成功的科学》（*The Science of Success*）一书中，科赫工业公司主席查尔斯·科赫（Charles Koch）介绍了公司如何将理论概念转化为实现卓越成果的工具，参见 4.5 节的参考文献。

衡量项目可靠性的指标。然而，在分析中，作为输入因子的变化往往是任意百分比，也就是说，你的收入发生了 5% 的变化时，运用这一分析对了解你的销售额上升或下降有一定的用处，但它不能告诉你这一信息与你的项目之间的相关性。

正如一位高管所说的那样：

（结果范围）分析不是敏感性分析，了解这一点非常重要。这不仅仅是说："如果成交量增速提高 5%，内部收益率（IRR）就增加一个点；成交量增速减慢 5%，内部收益率就会降低一个点。"这是在做算术题。范围分析确实分析了哪些因素推动项目获得正回报，哪些因素会降低回报。这种分析给你带来了两个完全不同但都非常重要的好处：

第一个好处是，它确实能帮助你做出项目决策。如果两个项目的内部收益率都是 21%，你如何确定哪个更好呢？它们的内部收益率可都是一样的啊！但是，如果一个项目的内部收益率的上限是 50%、下限是 18%，而另一个项目的上限是 22%、下限是 0 时，显然第一个项目更优秀，因为它的回报范围要比第二个出色多了。[1]

结果范围旨在捕捉关键的价值驱动因素极端并解释它们对项目回报的影响。运用这一方法可知，一个关键的价值驱动因素对回报的影响可能在 5%~20% 之间，而另一个关键的价值驱动因素产生的影响范围比较窄，在 −5%~+1% 之间。重要的是，这些范围：

1. 由价值驱动因素决定；

2. 以可靠的假设为前提。

---

1. 见 5.7 节的内容。

试着做

- 运用这一分析技术时需要严谨的制表知识。可让你的制表专家开发出一个灵活的模型以备你在未来的项目中使用。更重要的工作是对范围假设进行深入的思考。

- 设想同时做 10 个项目（类似于赛跑或掷 10 个骰子）的情形，尽管商业案例是相同的，但结果却有所不同。一些会非常成功，一些则会令人失望。

- 假设 10 个项目中有一个的结果是异常的，要么非常幸运地偏高，要么非常不幸地偏低，其他 9 个的结果落在了你的结果范围之内。

- 针对每个关键的价值驱动因素，描述对项目最有利的境况，也描述出最不利的。运用下面的表格记录你的想法。

- 在可能的情况下，解释产生不同结果的原因。你能一直锐意进取吗？这对一个在 90% 的时间里适宜的范围有影响吗？

- 与利益相关者一起审视你有关上限和下限情形的假设和理由，并将他们的意见纳入你的范围分析。

关键驱动因素	结果范围			业主
	什么因素导致下限情形发生	对期望情形的假设	什么因素导致上限情形发生	

提示

- 你对期望情形的假设与你的上限情形差不多吗？这可能是乐观偏见造成的结果。对比两种情形并对你预计的二者间的差距提出质疑。

- 提出假设时要有创意。看看历史数据、行业趋势、商业观点、类似的项目，甚至可依赖你的直觉。

- 描述出现偏上 / 下限变化的原因时，尽量不提及数字，用文字描述必定会发生的事件。

- 没有理由认为你期望的情形正好处于两个极端的正中间。一些驱动因素更可能产生偏上限的影响，而另一些更可能产生偏下限的影响。

额外的提示

对于每个价值驱动因素，确认产生盈亏平衡（零值）净现值（NPV）时的值。它相对于结果范围的位置揭示出了项目的什么风险？[1]

---

1. 参见附录中的例子。

思考

- 你得到了什么启示？

- 你下次会如何做？

参考文献

Closed-doors interview with Jos van Rozen, March 2014.

5.4 鼓励建设性的挑战

"知道如何利用组织集体之力的人，能在竞争中立于不败之地"。

——花旗银行集团前任主席和首席执行官

沃尔特·瑞斯顿（Walter Wriston）

为什么

决策中面临的两大抑制因素是筒仓思维和偏见，尽早消除它们非常有益。如果你对它们置之不理，任由市场去处理，那么你为此支付的学费可能非常高。建设性的挑战是利用组织集体洞见和知识的有效方式，运用它的特别好处是，你可能挑战传统思维并识别隐含的假设。

知识简介

这里奉行的基本理念是：集体的才能要优于个人。这适用于各个环节，包括确认背景、识别问题、为获得替代方案进行头脑风暴、解决方案的制定和后续的审查。

在探查地球、各大洲和海洋的形状时，最大的障碍不是愚昧无知，而是认识上的错觉。

——美国国会图书馆第 12 任馆长（1975—1987）

丹尼尔·布尔斯廷（Daniel Boorstin）

公正的对话

回顾已有的文献可知，公正（不偏不倚）对话的六个因素可能影响决策的效力。这六个因素是：以证据为基础、利用证明不确凿的信息、组合法、透明度、最适合之人的参与和认真考虑不同意见。你也许能从中看出如何利用这些因素帮助你建立实情调查的文化。

"在利用六因素产生良好决策的过程中，一个强大的决策审核过程要比分析更重要。"

——丹·洛瓦勒（Dan Lovallo）和奥利佛·西博尼（Oliver Sibony），行为战略案例，《麦肯锡季刊》（*McKinsey Quarterly*），2010 年 3 月

一项研究发现，强大的分析本身不会自然而然地形成优秀的决策，高度公正的对话能显著提高项目投资回报率。通常情况下，对话能提高分析的可靠性。尽管良好的分析是决策的关键因素，但利用六因素产生良好决策（指确实能提高收入、利润、生产率或市场份额的决策）时，决策过程要比分析更为重要。哇，这就变得有趣了！事实证明，通常是

严格的审查过程揪出了糟糕的分析部分。除非决策过程得到了公正的审核，否则精湛的分析是毫无用处的。

建设性的挑战也是科赫工业公司在知识流程中使用的重要工具。除了从小说、谣言、预感和观点中筛选出事实之外，我还从该公司认识到，利用挑战性会议也能确认隐含的假设。

隐含的假设

隐含的假设是指我们认为理所当然、不言自明的假设，比如太阳明天会再次升起。花时间考虑太阳不升起的情况会让人感到很滑稽，然而，将隐含的假设转化为明确的前提可能会对结果产生积极的影响。

实例

哥斯达黎加康科迪亚邮轮（Costa Concordia）

2012 年，哥斯达黎加康科迪亚邮轮在意大利海岸迅速沉没，导致 33 人死亡。这一事件令许多人感到困惑，因为邮轮与飞机一样，堪称最安全的交通工具。

为确保在发生泄漏时仍能保持漂浮，邮轮被分割成了密封的舱室。如果一个舱室内进了水，里面的人会被疏散，舱室会被密封，其他舱室的排水量仍能保持船舶的漂浮。

由于舱室的尺寸合理，即使两个舱室充满了水也能保证邮轮的浮力。这里隐含的假设是，同一时刻不会有两个以上的舱室进水，但哥斯达黎加康科迪亚邮轮忽视了这个假设前提。它在礁石密布的海岸附近全速前进时碰到了一块锋利的礁石，巨大的动量使岩石撕裂了 53 米高的船体，水同时涌入了 5 个紧挨着的舱室。这一事件给造船行业带来的教训是，需要重新审视舱室的布局。

来源：Gerasymovych Oleksandr/Shutterstock

菲莱登陆器（Philae lander）

经过 10 年的准备和建造后，菲莱登陆器于 2004 年发射升空。从发射到登陆彗星开展研究并向地球传回照片又用了 10 年的时间。令人赞叹的是，一切都按照计划顺利进行。但到了 2014 年 11 月，即在登陆彗星的 60 小时后，该探测器与地球的联系中断了。事后发现，它落在了靠近悬崖边的一个阴暗之地，因没有足够的阳光照射它的太阳能电池板，它没电了。

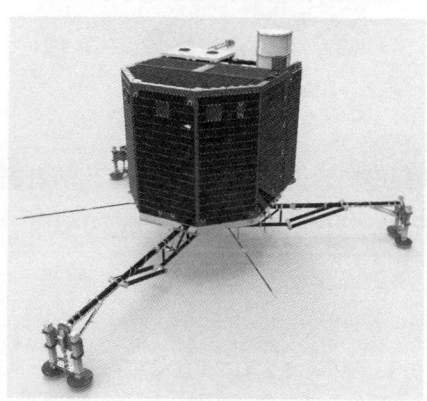

来源：melowilo/Shutterstock

181

> 这个例子中隐含的假设是：该探测器能获得为其装备提供电力的足够光照。[1]
>
> 你能从中得到什么有价值的教训吗？

黑天鹅效应

工作中，人们经常会提及"黑天鹅效应"。纳西姆·塔勒布将其定义为："意外的、有重大影响的而且通常在事后能编造出合理的理由进行解释的事件。"塔勒布著作的中心意图不是要预测黑天鹅事件，而是要从发生的负面事件中吸取经验教训并利用好正面事件。

来源：efirm/Shutterstock

我们将隐含的假设和黑天鹅效应区分开来。前者的含义更广泛，包括非离群值效应。寻找隐含的假设不是为了预测事件，而是确认假设及其有效的边界。

---

1. 从那以后，可能是由于彗星相对于太阳的位置发生了变化，菲莱登陆器在 2015 年与彗星轨道的"母船"罗塞塔（Rosetta）进行了几次联系。这些联系足以让人们相信，它的大部分科学装备没有受到损坏，但联系的时间短暂也表明，该登陆器没有足够的动力去执行最初设定的科学任务。

实例

在能源行业，受油价高企、特别是发展中经济体需求的推动，页岩油革命爆发了。但美国页岩油生产商的成功却给自己造成了麻烦。他们对新页岩油源源不断地供应导致原油价格暴跌，从 2013 年 6 月的每桶 100 美元跌至了 2014 年 1 月的不到 50 美元。同一时期，美国许多页岩油钻取平台关闭，因为页岩油的生产成本（有效的边界）估计在每桶 50~70 美元。因此，作为欧佩克（石油输出国组织）最有影响力的成员沙特阿拉伯，在此期间不支持欧佩克减产，因为该国每桶石油的生产成本仅为 4.50 美元。这导致一段时期内全球石油市场出现了供过于求的局面。[1]

试着做

- 应该在商业案例制定阶段定期进行建设性的挑战。对于那些已经获批但仍面临大量不确定性的项目而言，要将建设性挑战持续到实施阶段。

- 在《集体才华》（*Collective Genius*）一书中，琳达·希尔为建设性挑战制定了具体的参与规则：

"一般来说，参与规则分为两类。第一类涉及人们的互动方式。这些规则要求人们互相信任、彼此尊重和相互影响，也就是说，每个人都有发言权，即使没有经验或经验不足的人也可以影响决策。第二类涉及人们的思维方式。这类规则

---

1. 请注意，生产成本并不能说明全部。沙特阿拉伯对石油的依赖程度非常高，以至于到 2015 年时每桶石油的价格达到 105 美元才能平衡国家预算，这也凸显了该国维持石油高产量的另一个原因。

要求每个人去质疑一切，以事实为导向而且要看清大局。"

- 麦肯锡为筛查证实偏见和乐观偏见、确认在多大程度上需要建设性挑战提出了实用的解决方案。使用这一方法需要注意的是，提出建议或者推动决策过程的人不应当是回答问题的人。

决策清单

对不同观点的考虑	是或否
推荐人是否核验了他们的假设？	
他们在分析中是否考虑了能使项目超额完成初始目标的因素？	
他们是否将自己的假设与可比的外部项目的假设进行了比较？	
推荐人是否整合了不同的观点？	
在决策过程中他们是否组织了人员构成多样化的团队？	
他们是否与最可能提出不同意见的人进行了讨论？	
他们是否对推荐的做法考虑了至少一种替代方案？	
答案为"是"的数量	
对不利风险的考虑	**是或否**
在组织内，这一决策可能对结果产生不利影响的两个最重要的副作用是什么？推荐人考虑到这些副作用了吗？	
副作用 A	
副作用 B	
在组织所处的行业内，可能对决策结果产生不利影响的两个最重要的潜在变化是什么？推荐人考虑到这些变化了吗？	
潜在的行业变化 A	
潜在的行业变化 B	

在宏观环境内，可能对决策结果产生不利影响的两个最重要的潜在变化是什么？推荐人考虑到这些变化了吗？	
潜在的宏观环境变化 A	
潜在的宏观环境变化 B	
答案为"是"的数量	

来源：节选自"你准备好做出决定了吗？"，2015年4月《麦肯锡季刊》，网址：www.mckinsey.com。版权为麦肯锡公司所有，保留所有权利，经许可重印。

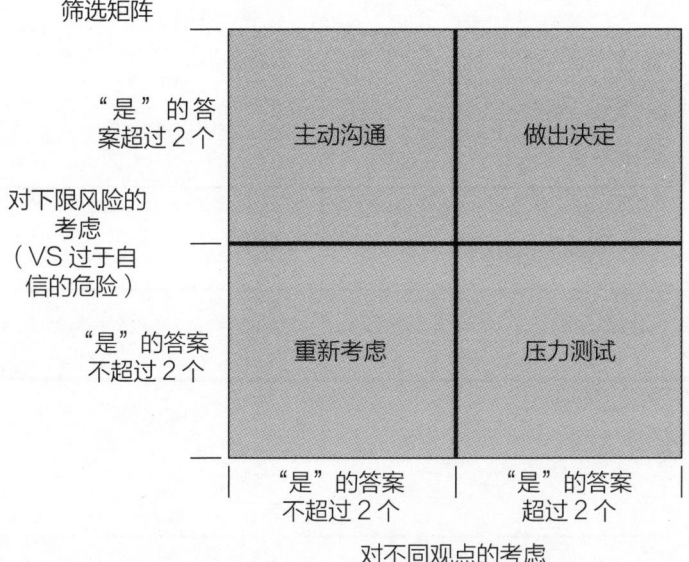

来源：节选自"你准备好做出决定了吗？"（Are you Ready to Decide?），2015年4月《麦肯锡季刊》，网址：www.mckinsey.com。版权为麦肯锡公司所有，保留所有权利，经许可重印。

提示

　　为了确认隐含的假设，让挑战小组回答下列问题：如果事后证明假设不正确，哪些假设会导致项目失败？

思考

· 你得到了什么启示？

· 你下次会如何做？

参考文献

Crooks E (2015). The US shale revolution. *FT Magazine*, 24 April 2015. (http://www.ft.com/cms/s/2/2ded7416-e930-11e4-a71a-00144feab7de.html#slide8)

Garbuio M, Lovallo D and Sibony O (2015). Evidence doesn't argue for itself: Thevalue of disinterested dialogue in strategic decision-making. Long RangePlanning, 48: 361–380.

Hill LA et al. (2014). *Collective Genius: The Art and Practice of Leading Innovation.* Harvard Business Review Press.

Krucoff C (1984). The 6 o' clock scholar. *The Washington Post,* 29 January 1984(cited).

Lovallo D and Sibony O (2010). The case for behavioral strategy. *McKinsey Quarterly*, March 2010.

Meissner P, Sibony O and Wulf T (2015). Are you ready to decide? McKinsey Quarterly, April 2015.See http://mbm.blogs.com/team_weblog/2009/03/the-challenge-process.html.

Taleb NN (2007). *The Black Swan: The Impact of the Highly Improbable,* 1st edn.Penguin.

See http://www.rina.org.uk/costa_concordia_damage_stability.html Wikipedia - Black Swan Theory. (Seehttps://en.wikipedia.org/wiki/Black_swan_theory)

5.5 指定价值驱动因素的所有人

为什么

我们之前已谈及了所有权问题[1]，你可能想知道我在这里再次提及它的原因。具体来说，1.7 节解释了明晰所有权对实施（这样你可以面对现实，看清实际情况）和价值交付（在实施中构建利益驱动的运营管理）阶段的重要性。但现在，我们已经确认了关键的价值驱动因素，明确它们的所有权有助于确保我们在结果范围内实现价值最大化。

知识简介

关键驱动因素的所有权之间的主要区别在于关键的驱动因素的可控性。对于可控的关键驱动因素，所有人的作用是在正确的时间组织好正确的资源，使关键的价值驱动因素产生预期的价值。存在冲突或资源限

---

1. 见 1.7 节的内容。

制时，所有人确认并解决它们，或者确保及时地改进解决方案。另外，所有人要与实施团队一起想办法，尽量减少下限情形发生的可能性和影响，并对上限情形做出相反的处理。

来源：PzitivStudija/Shutterstock

对于外部的关键驱动因素，所有人的主要责任是：

1. 了解结果范围及其有效边界的关键驱动因素假设；

2. 以一定频率监控关键指标，从而为提高警戒、采取纠正措施留出足够长的时间；

3. 与重要的利益相关者就利用哪些关键指标值引发"警报绊网"从而激活风险缓解计划达成一致；

4. 为关键驱动因素制订风险缓解计划；

5. 必要时出台防护措施以限制下限情形发生的可能性或影响；

6. 出台措施抓住尽可能多的上限情形机会；

7. 必要时根据实际需要配置资源，并将上述成本纳入项目成本中。

做到了这一切时，你就能想象得出，你的项目控制室变成了价值交付中的前瞻性资产，这与利用甘特图（Gantt chart）追踪项目的进展情况形成了鲜明的对照，后者往往能发挥"后视镜"的作用。

试着做

- 指定具有相关技能和专业知识的所有人。

- 确保将各个关键驱动因素的范围管理计划整合为一个整体的规划。

- 让利益相关者对整合后的结果范围和优化范围的行动建议提出建设性的挑战。

提示

　　为了较高的可信度，事先向关键的驱动因素所有人言明，他们对自己计划可靠性的信任要达到他们愿意赌上自己的退休基金或孩子们的大学基金的程度。

思考

- 你得到了什么启示？

- 你下次会如何做?

5.6 广撒结果之网

为什么

我们都知道,现实与计划不同。我们或许可以克服个人遇到的障碍,但我们是否做好了踏上一条崎岖之路、不达目的地誓不罢休的准备。你对前路了解得越透彻,你的准备就越充分,你到达目的地的可能性就越大。

就项目而言,确定结果范围就能达到这样的效果。它有助于你了解项目的潜在风险和优势,这样你就可以提前做好准备,将下限情形发生的概率及其影响降至最低并将上限情形发生的概率及其影响最大化。此时人们最常犯的错误就是,确定的结果范围太窄。

知识简介

大脑对其做出精确估计的能力过于自信,我们用一个简单的测验就能证明这一点。比如让人猜测一架空的大型喷气机的重量或者尼罗河的长度。要求参与者说出一个自认为能达到 90% 正确度的范围,而不是说出一个确切的数字,比如说尼罗河的长度在 5000~15000 千米。通常情况下,参与者都会落入这样一个陷阱:放弃比较安全的大范围,提供一个错过正确答案的小范围。看起来大多数人与约翰・梅纳德・凯恩斯不同,我们大都喜欢精确的错误而不是模糊的正确。

来源：Binski/Shutterstock

在我主持的一次决策研讨会上，与会者也做了类似的练习。涉及的问题似乎都是一般性知识，但非常具体。练习要求参与者以 90% 的置信度设定答案的范围，也就是说，问题的十个答案中可以有一个是错误的。置信度设为 90% 的原因是，我们想要获得能够囊括大部分结果的范围。获得接近确定值的范围不划算，因为这需要投入大量的资源，但产生的价值却很少。就像为了中奖买下所有的彩票一样，你虽然得到了中奖的彩票，但事实上你损失了，因为管理机构也要分一杯羹，而羊毛出在羊身上，你拿回来的只是你之前付出去的钱而已。

来源：Jcjgphotography/Shutterstock

有意思的是，尽管做了这样的比喻，平均来看，参与者仅为 30% 的问题给出了正确的范围，但不同的人给出的范围有所不同。他们都是每四个人围坐在一张桌子前写下答案的。令人兴奋的是，当以每桌上的人给出的最低下限和最高上限作为范围的极值时，正确范围的百分比却达到了 85%~90%。

从中可吸取的教训

1. **人们本能地倾向于设定过窄的范围，**尽管他们承认不知道正确的答案是什么。对确定结果范围的启示就是要想办法拓宽范围。

2. **当人们认为自己知道答案时，范围会变得更窄。**当初始问题能够与参与者的行业问题（他们认为自己熟悉这一领域）相替换时，就会出现这种现象。有趣的是，虽然变化挺大，但正确范围的百分比变小了。

3. **小组工作是有效的。**只需要 4~5 个人就能获得 90% 正确的范围。

注意：所有结论都参照了百分比置信水平，这是十分科学的做法。尽管我们想采用一种有条不紊、基于事实的方法，但设定结果范围实际上更多的是一门艺术而非科学。每种情况都不一样，在整个过程中需要运用直觉的力量，而且存在很多值得讨论的元素。

试着做

- **先由个人设定范围。**认识到设定范围需要与他人合作，但首先要了解每个合作者对范围的直觉。并非每个人都要对每个关键的驱动因素设定结果范围，每个关键驱动因素的范围至少要由四个人做出贡献。

- **集体设定范围的最低值。**将小组的最高值和最低值设定为范围的最低初始值。讨论扩大范围的方法，设想做同一项目 10 次时，结果是否会落入扩展区域。

- **证实。**把全部注意力放在事实上，不只依靠直觉，我们应该做得更好。我们要了解哪些因素会影响我们的范围，这样我们才能对其可靠性更有信心。可能的情况下，将你的想法与事实联系起来。

- **添加"事实"。**没有直接的事实时，可考虑寻找近似的事实。这里有两点建议：

  1. 运用 3.5 节中介绍的"保留不同意见"的方法。在未知的范围内是否存在项目的一个关键值，例如可能导致项目失败或需要调整行动方向的值？如果有的话，找出这个值并且运用建设性的挑战来确认这个值是否落入了范围之内。如果确实如此，那么可能需要进一步的工作，具体要看不确定性和该值的重要性。

  2. 从类似的问题或情况获得"事实"。向专家询问这么做的历史成功率。

- **寻找限制性因素。**在可能的情况下，确认生来就限制范围的因素。比如就一个扩大产能的项目而言，销量是一个关键的驱动因素。项目的销量会受最大产能的限制。这种情况下，上限情形下的问题更多地与生产线全部开动而不是多少产能被填补有关。也就是说，你对范围的思考可能会导致你重新审视所提议的产能扩充的规模和类型。提醒一点，这是一个动态的过程，在此期间要保持谦逊。

实例

丹尼尔·卡尼曼正与一个团队合作编写有关判断力和决策的高中教科书，他要求团队成员写下自己预估的完成日期。成员们预估的日期在未来一年半至两年半之间。卡尼曼对一位课程专家，也是一所教育学院的院长提出了这一问题：一个类似的团队为一门全新课程编写课本需要多长时间。

院长回答说：有40%的小组从来没有编写完教材。编写完的所有小组都花了7~10年的时间。卡尼曼问这位院长，自己的团队编写完成教科书需要多长时间，这位院长比较了他知道的其他小组的平均值后认为，卡尼曼的团队需要8年的时间。

警告："专家善于估计成功率，但做出的预测很糟糕。"

提示

- **翻倍和减半。**对于以内部收益率（IRR）表示财务结果的项目，我在工作中喜欢运用下面的经验法则：将上限情形的内部收益率设置为预期内部收益率的2倍，下限内部收益率设置为预期内部收益率的一半。当你的范围不在这个水平时，问问自己，若关键的驱动因素产生更加极端的结果时会发生什么并将其应用于这一范围。这并不能保证你获得90%的置信范围，但往往能让你在最低范围基础上实现良好的扩展。

- **结合事实与洞见。**运用各种资源来增强你所设定范围的可信度。例如，对于汇率和天气，查阅历史数据是一个合乎逻辑的出发点：在很长的时期内（10 年、40 年），它们的高点和低点是什么？这需要你运用洞见加以证实。汇率往往受贸易流量和政治的影响，你可能要考虑这些因素。历史气候数据的可靠性可能受全球变暖的影响。

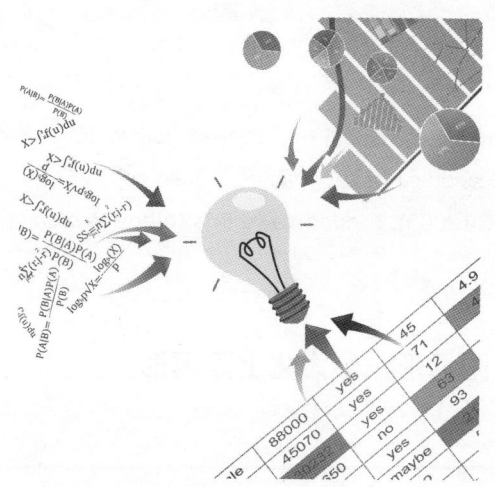

来源：mini.fini/Shutterstock

思考

- 你得到了什么启示？

- 你下次会如何做？

参考文献

Heath C and Heath D (2013). Decisive: *How to Make Better Choices in Life and Work.* Random House. Chapter 6 (adapted).

Roxburgh C (2003). Hidden flaws in strategy. *McKinsey Quarterly,* 2: 29(adapted).

5.7 减少下限情形，最大化上限情形

为什么

当你已经设定了一个置信水平为90％的结果范围时，不要止步于打动具有批准权的高管，要运用这一范围最大限度地挖掘项目的价值。通过结果范围的设定后再来审视项目，你更明确可能存在积极和消极影响的重要领域。将结果范围与预期进行对照，这能使你更好地指导项目资源，从而最小化下限情形或最大化上限情形。

知识简介

设定高置信度的结果范围的妙处在于，它为你提供了交付价值的路线图。一个有益的结果范围不仅具象化了范围的大小，其潜在的假设也给出了如何增加胜算的线索。为了有效地开展工作，我们要区分概率、影响和相关性。

概率指的是一种情形发生的可能性。可能很难为其找到一个确切的衡量标准，但通常情况下，你能通过结果范围感知它。如果你曾学过统计学课程，你就会回想起正态分布的钟形曲线，其结果对称地分布于期望（平均）值附近。大多数项目的结果范围都是不对称的，有的偏下限，有的偏上限。了解范围分布曲线的形状是设定范围的关键原因之一。对于比较偏下限的范围，你可能想集中精力使之最小化。

影响与它产生的变化有关。如果你中了彩票大奖，你的生活很可能改变。然而，中奖的可能性很小，这一论断具有 90% 以上的置信度。在投入精力优化结果时，你首先要考虑的是发生概率高且影响大的因素。

实例

冰淇淋的销售量通常在夏季达到高峰。出现"好"夏季的概率是很大的，比如说有 1/3，但这一比例从来不是一成不变的。在"好"的夏季里，冰淇淋的销量有可能是寻常夏季的 4 倍。然而，实现这一销量的概率取决于生产商生产足够数量的冰淇淋的能力以及将它们快速地运送到销售地点的能力。这是很有价值的挑战。

来源：Microstock Man/ Shutterstock

　　高概率—低影响和低概率—高影响的组合形成了一个灰色区域，需要通过建设性的挑战来解决。

　　相关性与背景有关系。5.3 节中的高管谈到了两个项目，它们的内部收益率（IRR）都是 21%。项目 A 的 IRR 范围为 18%~50%，项目 B 的为 0~22%。如果该公司的资本成本为 10%，那么这将成为项目 B 出现下限情形的一个原因，因为下限的大块区域会导致项目产生负回报。相比之下，项目 A 的整个范围远高于负回报区域。谈到项目的选择时，你最好避开从一开始就存在棘手问题的项目。

　　要是生活有这么简单就好了。如果 B 的目标是解决一个你不能忽视的问题，那么这就意味着你要么返回到计划阶段，清除掉最小化下限情形的所有阻碍，要么就如何进行市场交易展开一场战略性的讨论。

试着做

- 为关键的结果排出概率—影响组合顺序。

- 建议如何通过解决概率、影响或二者兼顾的问题改善局面。

- 根据收益评估改善的成本。如果确实有收益，将其纳入你的建议中。

提示

　　就一些关键的驱动因素而言，最小化下限的行为自然会有助于最大化上限。对于另一些驱动因素而言，范围的极值由无关的事件决定，此时要对两端分别进行评估。两端需要的行动能否平行实施？

思考

• 你得到了什么启示?

• 你下次会如何做?

第 **6** 章

实事求是地看待风险

6.1 了解风险规划的价值

"不必担心杯子是半满还是半空的，要担心的是杯子碎了时会发生什么。"

——《从优秀到卓越》（Good to Great）的作者
吉姆·柯林斯（Jim Collins）

由于一般商业项目的实际收益仅为预期的30%-50%，有效的风险规划就成为一个不容错过的价值驱动因素。一些公司能保持卓越，是因为他们为不可预测的环境建立了缓冲机制，稳扎稳打地应对风险。他们细致地审视环境对风险的改变，而且充分评估风险对业务计划的影响。

来源：123rf.com

照着做

　　指出你最大的项目风险，其破坏潜力有多大？怎样才能缓解风险？

6.2 检查不同类型的风险

　　任何风险管理举措都是值得赞扬的，而且它们会发挥作用，但不能在列出最明显的风险后就止步不前了。掌握一些有关风险类型的知识能帮助你识别更多的风险，而且可能对你产生重要的启发。

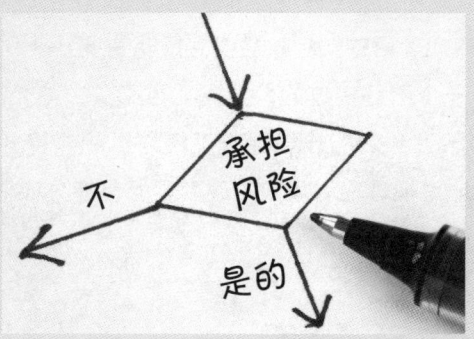

来源：JohnKawn/Shutterstock

照着做

　　指出你以何种方式查明三种最大的风险。它会对你启动高效的风险缓解计划的概率产生何种影响？

6.3 你最担忧的应是什么类型的风险

　　一切皆有可能出错，以这样的立场看待世界是令人惊恐的。保持头脑冷静，分清优劣。当你知道需要做什么时，首先要聚焦于最重要的风险。在此过程中，要平衡付出和回报。形势恶化时，要保持镇静，知道何时抽身而出。

风险排序矩阵

10	10	20	30	40	50	60	70	80	90	100	第一五分位数（6%）
9	9	18	27	36	45	54	63	72	81	90	
8	8	16	24	32	40	48	56	64	72	80	
7	7	14	21	28	35	42	49	56	63	70	第二五分位数（9%）
6	6	12	18	24	30	36	42	48	54	60	
5	5	10	15	20	25	30	35	40	45	50	第三五分位数（17%）
4	4	8	12	16	20	24	28	32	36	40	
3	3	6	9	12	15	18	21	24	27	30	第四五分位数（26%）
2	2	4	6	8	10	12	14	16	18	20	
1	1	2	3	4	5	6	7	8	9	10	第五五分位数（42%）
	1	2	3	4	5	6	7	8	9	10	

发生概率（高／低）　　可能的影响（低　高）

从这一矩阵可以看出，最重要的 20% 的风险所占的区域很小，凸显了聚焦于最高分值风险的意义。[1]

照着做

按 10 分制给每一个风险的概率和影响打分。然后按得分从高到底进行排列，以此确定行动的先后次序。

1. 这里的重要假设是，风险评分是准确的。各五分位数的阴影部分只是用来说明，从多重视角来看，得分在高一低区的部分可将投入右上现象的风险的精力放到得分为低一低的区域。

6.4 打探期权信息

期权是风险管理的一大瑰宝，也是远见卓识的结果。它们一般很便宜，你可以随时运用，这可以让你聚焦于难以控制的风险，使你免除后顾之忧。不幸的是，我们往往忽视它们的价值，等到发现这一点时为时已晚。值得一提的是，恰当地提一些问题能打开一个全新的世界。

来源: 123rf.com

照着做

寻找项目中可能为第三方创造机会的问题。是否有办法将你的下限构造为上限？

6.5 探索退出策略

退出策略自然与失败有关，因此在大多数商业案例中都被有意省略了。矛盾的是，当失败临近时，组织并没有完善的退出策略规划。提前规划退出策略可能影响你对项目重点可交付物的考虑，甚至调整项目范围。了解退出的不同原因有助于你根据情况对退出策略进行排序。重要的是，退出策略是确认商业案例可信度和风险状况的关键因素。

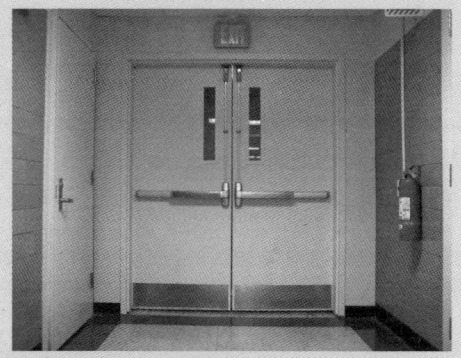

来源：Robert Elias/Shutterstock

照着做

　　想象这样的情形：你的项目因不可预见的因素而不得不中断，但你能收回大部分投资，这导致你的声誉毫发无损。你是如何做到这一点的？

6.6 设置绊网并保持监督

　　制订了应急计划、缓解措施和退出策略后，你如何知道什么时候实施它们呢？大多数情况下，等到船搁浅时再有所行动就已经太晚了，而过早地调整又会造成不必要的分心和成本。这正是高效的绊网大显身手的时候。设置好绊网，并确保将它们连接到一个"铃铛"上。

来源：robodread/Shutterstock

照着做

针对你的三大风险，确定你启动最佳的或成本最低的风险缓解计划需要的前置时间。相应地设置绊网并确保它们与一个"铃铛"相连接。

6.7 设置护栏

有些情况下，绊网或应急计划没多大用处。如果偏离既定路线的风险是不可接受的，那么你就要在商业计划中加入护栏。绊网的作用是发出行动的呼叫，而护栏在某种程度上允许你在既定的空间内处理风险。尽管这一方法在管理不可接受的风险（概率、影响或者二者兼有）时很有效，但它不是对任何情形都适用的。设置护栏是有代价的，而且可能限制了项目计划的灵活性。

来源：Kletr/Shutterstock

照着做

明确你能接受多大的风险，对此做出明确而响亮的申明。把决策分解，这样你就能一直不越界。

详解

6.1 了解风险规划的价值

> "机会只青睐有准备的人。"
> ——法国微生物学家、疾病细菌理论的先驱、巴斯德灭菌法的发明者
> 路易斯·巴斯德（Louis Pasteur，1822—1895 年）

注意： 当我们评估可能与预期不同的事物时，我们通常会从消极的视角看待风险。然而，从优化价值的角度来看，我们也要明确地考虑到之前提到的上限风险。这一切都与确认"完美风暴"的因素有关：当我们看到了极端情况时——有可能是积极的情况，会发生什么呢？在这种情况下，风险规划处理的问题是，如何调整项目使其充分利用积极的情况。

为什么

大多数汽车司机都按法律规定购买了保险。汽车的风险众所周知，因此可以投保。企业项目也会遭遇业务风险，企业必须自行应对其中的一些。这并不意味着你只能袖手旁观，无所事事。鉴于一般的业务项目只能产生预期 30%~50% 的收益，风险规划对确保价值有重要的意义。

知识简介

有效的风险规划是一个不容错过的价值驱动因素。在《选择卓越》一书中，吉姆·柯林斯和莫滕·T. 汉森提出了 10 倍速公司的概念并总结了其特征。这些公司的指标在长期内是行业均值的 10 倍。哇，是 10 倍啊！有意思的是，他们取得这样骄人的成绩时并没有冒高风险，事实上恰恰相反。

"10 倍速公司"的风险规划

柯林斯和汉森确认了 10 倍速公司为避免不确定性的影响而利用的三个维度的生产性偏执：

1. **为应对意外的环境变化建立现金储备和缓冲资源。**10 倍速公司不会坐等风暴来袭，他们知道风暴会来临……只是不知道什么时候来临，因此他们会谨慎地做好全面的准备。

2. **控制风险。**这就好比每天走 20 千米的行程。如果你打算完成 3000 千米的行程，当你每天都能完成大致相同的里程时，你更有可能实现这个目标。顺风时走的路程过长会让你在后续的日子里筋疲力尽，而在逆风的日子里走得过短又无法使你的系统维持你旅途的进展。诀窍就在于设定一个适合你的步速。

3. **先拉远，后拉近。**10 倍速公司拥有"双镜头能力"，他们可以拉远镜头以查看环境和资产风险的变化，然后再拉近镜头关注这些变化对企业的影响和企业对计划和目标的执行。

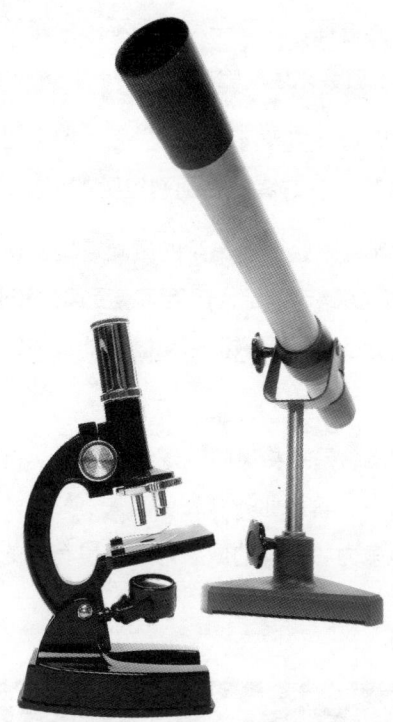

来源：Kletr/Shutterstock

他们还把风险规划与时间联系起来：

有时候行动过快会加大风险，有时候行动过慢会加大风险。关键的问题是："在风险变化之前你还有多长时间？"是以秒、分、小时、天计算，还是以星期、月、年、数十年来计算？难点不在于回答这个问题，而在于提出这个问题。

风险缓解类型

业务连续性管理专家迈克尔·赫雷拉将风险缓解的类型界定如下：

接受风险：接受风险不会减少任何影响，但它仍被视为一种策略。当其他风险管理方案如风险回避或限制的成本可能超过风险本身的成本时，这一策略是常见的选择。如果一家公司不想为避免发生概率不高的风险投入资金时，他们就会采用风险接受策略。

回避风险：回避风险是接受风险的对立面，指企业采取行动避免任何风险。在所有的风险缓解方案中，回避风险的成本通常是最高的。

限制风险：限制风险是企业最常用的风险管理策略，是指以行动限制企业发生风险。这种策略可能综合运用了接受风险和回避风险的策略。限制风险的一个例子如公司接受磁盘驱动器可能失效的风险，以备份来避免长期的失效。

转移风险：转移风险是指将风险转嫁给第三方。例如，许多公司将具体的业务如客户服务、薪酬业务等外包出去。如果转移的有风险的业务不是公司的核心竞争力，这样的做法对公司是有益的。运用这一策略也可以使公司更专注于其核心竞争力。

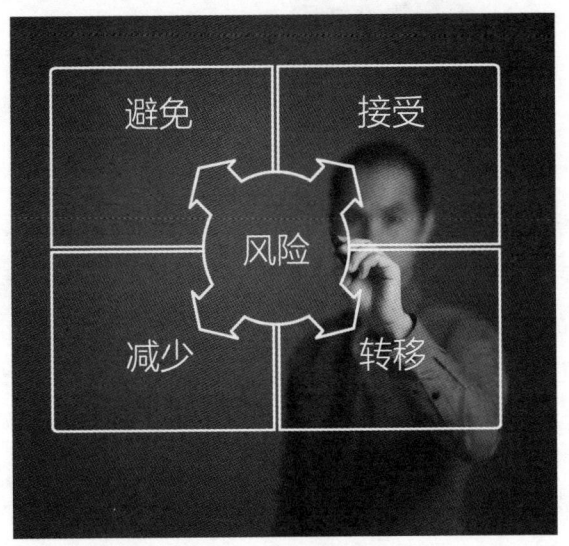

来源：Dusit/Shutterstock

试着做

- 以结果范围作为分析的出发点，确认你的商业案例的关键风险。

- 确定这些风险对你的项目可能带来的危害 / 好处。

- 计算缓解风险的成本。

- 为项目设定合理的进展速度。

- 为应对出人意料的环境变化建立项目缓冲区。

提示

在设定合理的进展速度时，不要受其他事务的干扰。评估环境和你的团队的能力，设定具有挑战性的目标，但不能破坏团队及其资源的构成。

思考

- 你得到了什么启示？

- 你下次会如何做？

参考文献

Collins J and Hansen MT (2011). *Great by Choice: Uncertainty, Chaos and Luck - Why Some Thrive Despite Them All.* Random House, October 2011.

See http://www.mha-it.com/2013/05/four-types-of-risk-mitigation/

6.2 检查不同类型的风险

为什么

风险各有不同，有的可控，有的不可控；有的影响很大，有的影响很小；有的很有可能发生，有的则像中彩票一样。检查不同的风险类型有助于你识别可能被忽略的风险。了解你正处理的风险的类型能使你更好地分配你的时间、精力和资源。

知识简介

检查风险类型时，我们要真正地了解风险与项目之间不同维度的联系，然后结合这种联系判断风险类型。下面列出的维度虽不详尽，但能让你获得更多的风险见解。

频率

发生风险的机遇之窗多久会打开一次？是有规律的、无规律的还是就只发生一次？

时间

风险会在项目的哪些阶段对项目构成最大威胁？我们是否了解这个时间窗口发生的风险？

强度

如果发生风险事件，它是突发型事件，[1] 还是逐渐演变的事件？可在多大程度上预测到不同层次的风险？要为它们做出什么样的反应或准备？我们知道这些"反应区"的分解点在哪里吗？

持续时间

风险事件的持续时间是否重要？如果重要，风险事件可能持续多久？持续输出结果的范围是什么？我们的反应如何根据持续时间做出调整？更重要的是，我们如何知道我们是否会长期身陷风险中？可能会出台哪些补救措施？

反复性

风险事件是否会多次发生？这会对我们如何做准备产生什么影响？

影响

如果某一风险事件的影响是显著的，那么要将其列为风险规划清单的重要选项。

概率

风险往往与概率有关，可从几个不同的角度来处理它。首先，理解风险发生的概率往往是有益的，但只看其本身并没有多大意义。为了使

---

1. 这类二分事件的（不一定危险的）合理例子是怀孕，要么怀孕，要么不怀孕，不可能有点怀孕。

概率洞见有意义，你需要先提出有意义的问题。一种方法是将它们与结果范围联系起来。[1] 比如，一个关键的驱动因素，如 GDP 增长率，在项目产生正回报的范围内变化的概率是多少？

记住，概率会给人一种虚假的舒适感。如果你认定，发生概率较低的风险不值得担忧，当风险成为现实时，你可能会感到沮丧。对我而言，概率的作用仅限于对优先事项有一个初步的了解。[2]

依赖关系

我们通常根据直接的影响来审查风险，但是，风险可能会对项目或更大的事业产生间接影响，这一点是否值得考虑呢？

可检测性

警示信号延迟或者不能被识别常常会阻碍风险缓解行动，一个显著的例子就是 2004 年发生的印度洋海啸。

实例

在有史以来震级第三高的地震发生之后，印度洋周围回荡的洪流导致了 23 万多人死亡或失踪。印度洋海岸线周围的许多居民和游客看到了海水后退（用肉眼可清楚地看到）的现象，但由于洪水在极短的时间来袭，他们没有足够的时间发出警报[3]，从而造成了灾难性的影响。

此次海啸后，在联合国的资助下，印度洋海啸预警系统得以建立，这样在地震发生后的 2 分钟之内，警报信息就会被发送至印度洋沿岸的 28 个国家。

---

1. 见 5.3 节。
2. 见 6.3 节。
3. 很多人不知道海水后退是海啸发生的迹象。

对于难以探测到的风险，要确保项目成功，可控性和缓解风险的能力会显得更加重要。

可控性

指的是你控制风险事件发生的能力，典型的例子是员工罢工的风险。大多数罢工都是因工作条件和报酬方面的分歧造成的，这些方面在很大程度上处于雇主的控制之下：为使项目取得成功，雇主可以为参与项目的员工和忠诚的员工创造条件。相比之下，你通常会将天气或其他自然事件视为超越控制的风险因素。

缓解风险的能力

风险发生时，无论是通过最小化下限风险还是通过最大化上限风险，你都希望你的项目能处于最优状态。缓解风险的能力不只是回答能否做什么的问题，它也回答了如何应对风险的问题。结合资源来看，这通常涉及运用资源的机会成本[1]问题。

试着做

- 根据上面的介绍评价你确认的风险。这样做能否改变你对一些风险因素的看法？

- 为了提高你识别相关风险的概率，从相反的角度看待风险，并筛选每一种类型的风险。这样做是否让你发现了迄今被忽视的风险？你是否已变得偏执了？

- 运用这些洞见调整你对已确认风险的认识和你在 6.1 节中提出的一系列缓解措施。

---

1. 见 4.6 节。

提示

保持过程简单快捷。将不同类型的风险放到简单的评分表中，为简短的文字描述留出空间。与利益相关者一起快速地审核风险，群策群力，你很快就能获得关键的主题。

思考

- 你得到了什么启示？

- 你下次会如何做？

6.3 你最担忧的应是什么类型的风险

为什么

风险通常来自多方面，关键是要解决最重要的。能否找到最重要的风险，对这一问题的担忧会使人分心，而分心会破坏生产力。对最大的风险采取有的放矢的行动能够消除反复无常的担忧。确定最重要的风险名单能使团队专注于风险的应对，而不必一直检查是否还有其他风险需要处理。运用系统的评估方法能增强团队的信心。

知识简介

从本质上说，这是一个排列次序的问题。排序时，最重要的依据是风险驱动因素的概率和影响。要快速简单地完成排序，可根据概率和影响为每个风险打分（采用 10 级分制），然后依分值结果排出风险次序。这说起来容易做起来难，因为你可能遇到这种情况：对某些风险几乎无能为力。此时，特别重要的是，评估你能在多大程度承受风险以及是否要谨慎地保持前行。

当然，我们理所当然地认为概率和影响的分值足够可靠，但两者本身是估计而来的，为谨慎起见，你要评估你能忍受这些指标的多大错误。

时间充裕的情况下，可根据 6.2 节的介绍审核更多的风险类型驱动因素，这能使你更全面地了解必须完成的事项和可以完成的事项。两者的交叉部分能帮助你排定有意义的行动的次序，此时要记得运用"跳出盒子思考"的技能。[1]

天马行空地思考做什么事情能使结果大为改观。如 6.2 节中的海啸例子所示，某些风险不可探测并不意味着它们不能被察觉到。念念不忘，必有回响，你心里想要什么结果，你就会提出相应的挑战，这有时会导致原始项目过度成长。就其本身而言，没有理由不这么做。在这种情况下，风险管理举措可能要被当作一个能使整个企业受益的独立项目来处理。根据可能的概率—影响排序，您甚至可以决定搁置原始项目，直到风险管理要素（若至关重要）落实到位为止。

进行这种评估的重点不在于盲目地运用评分方法，而在于确定一个可靠、可信的根据。最终它会增强你对风险排序的信心。

---

1. 见 2.3 节。

试着做

- 运用风险排序矩阵初步确定风险管理次序（有意义的风险）。

- 审核你对风险评级可信度的信任权[1]，承认不确定性因素并将它们纳入评估。

- 创建新矩阵，根据优先级别和减轻的影响（非风险事件的影响）来计划风险缓解措施。它将指导你采取有意义的行动。

提示

　　一些风险的得分可能不高，但它们可能是组织中的高"噪声"因子。噪声有可能分散团队对重要事项的注意力，那么就应该提前明确这些风险因素。言明你对这类风险的认可和你认为它们对项目影响不大的原因。明显的例子包括悬而未决的领导层变更或可能影响商业策略的公开收购。

来源：auremar/Shutterstock

---

1. 信任权可通过明确论证证据的方式获得。论证建立在（影响力依次减弱）相关的事实、科学证据、结构化的评估、基本原理、指示、假设和断言基础之上。

思考

- 你得到了什么启示?

- 你下次会如何做?

6.4 打探期权信息

为什么

期权就如同你出门时在手提包里放了一把伞,你不一定使用它,但一旦下雨,你会庆幸自己带了它。大多数情况下,期权的成本比较低,这使它们类似于自组织的保险单(虽然范围比较狭窄),但它正是我们管理风险时所渴求的。

知识简介

进过股市的大多数人都知道,只要有一方愿意给你期权,期权就非常适用于管理任何风险。和其他方案一样,在制定支持你项目的期权方案时要发挥一点想象力。

技能、想象力和时间既定的情况下，你可以根据需要确定期权方案的复杂度，但任何期权方案都包含这些基础要素：

· 风险和项目需要解决的问题。

· 让你想激活期权的形势。

· 期权的价格（与你愿意支付的价格相对照）。

· 期权带给你何种锻炼。

· 期权在多大程度上解决了你关心的问题。

· 驱动期权效力的时间窗口和其他潜在因素。

实例

　　一位打算退休的农民想将土地卖给临近的工厂，因此给工厂报了地价。工厂的管理层有兴趣购买这块土地，以便为未来工厂的扩建做准备。然而他们并不想马上购置这块土地，因为他们5年之后才会扩建工厂（导致机会成本[1]），而且他们也不认为那位农民容易找到其他买家。

　　最终的解决方法：管理层表达了购地的兴趣并要求土地所有人在收到第三方的严谨报价后给自己优先购买的权利。他们为此签署了协议文件，整个过程中没有资金转手。双方都清楚，这样做他们各取所需，因此都很心安。

---

1. 见4.6节。

试着做

- 要制定一个期权方案，首先你要清楚自己想要什么。此时需要"跳出盒子思考"。你知道自己想要什么，你才能得到什么。

- 明确表述你需要保障的风险范围、时间以及在什么情况下激活期权。

- 需要与对方达成协议时，要为价格谈判做好充分准备。

  - 评估期权对你的价值。你能够避免哪些损害以及精力或收入方面的损失？

  - 这一机会为对方带来了什么好处？是否能让对方兴奋到给你免费期权的程度？如果是有代价的，那么需要付出什么代价才能使对方做出期权方案中的承诺？

- 记录下你的想法，这样，当风险事件发生时，你就不需要进行猜测了。需要与对方商谈的事宜，要在合同中列明。

思考

- 你得到了什么启示？

- 你下次会如何做？

[ ]

6.5 探索退出策略

"永远不要走进你不知道如何走出的房间。"

——美国中央情报局（CIA）手册

为什么

退出策略为项目提供了一条出路。它们限制了潜在的损失，或者使项目收益最大化。对一些人而言它是选择，而对另一些人而言则是慎重的目标。运用退出策略是在为项目提供最终的落脚处：项目就到这里了，不能再前进一步了。要提前计划好退出策略，这样你就明确了启动退出策略的时间，然后你就能确定是否需要在项目计划中纳入促进退出策略的要素。

知识简介

就其核心而言，退出策略是项目实施中的一个选项。项目环境需要时，你可以启动它，但通常情况下你不一定非得这样做。然而，在风险投资人这样的专业投资者看来，"退出"是完整的建议中不可分割的部分。他们通常投资于一个机会，因为他们想在成功地度过转型期后把机遇卖给另一方。如果风险投资人看不到可靠的退出路径，他们一开始就不会投资。在他们看来，知道如何退出至关重要。成功的投资者尚且如此认真地对待退出策略，我们有什么理由不这么做呢？

来源：Pincasso/Shutterstock

矛盾的是，当失败临近时，组织并没有完善的退出策略规划。提前规划可能影响你对项目重点可交付物的考虑，甚至调整项目范围。了解退出的不同原因有助于你根据情况对退出策略进行排序。了解退出的不同原因有助于你根据实际情形制定不同的退出策略。重要的是，退出策略是确认商业案例可信度和风险状况的关键因素。

退出类型

大体上可将退出策略分为三类：目标明确的、不可避免的和风险管理。

目标明确的退出

这类退出是专业投资者常用的典型策略。他们可能喜欢某个机会，但不希望余生被困在一个投资里。在投资后的 5~10 年内，他们希望将投资出售，并获得一倍或两倍多的收入。对于此类退出，潜在的投资者想了解他们退出时的买家都有谁。这可能包括其他的专业投资者、现有的行业参与者（竞争对手），或上市公司。可选择的买家范围越广，退出的机会就越多。然而，要更好地利用这些机会，有必要事先了解潜在买家群体的需求。

不可避免的退出

一些项目的经济生命周期有限，需要在未来某个时刻终止。核电站和造纸机械都是典型的例子，因为这些设备的使用寿命会在某一时刻结束。项目的生命周期结束后，场地会被清理。清理干净后，新的建设许可会得到批准。建设许可通常包括对清理后场地预期状态的详细描述和如何处置废物的指导。明确退出的范围和程度对一个项目的总体吸引力发挥着决定性的作用。

合资企业是一种特殊的项目类型。从退出策略的角度来看，它介于目标明确的退出和不可避免的退出之间。合资企业是将合作伙伴的优势互补，抓住一个凭一己之力无法获得的投资机会。对合作各方而言，成功获得机会的概率是一样的。但机会迟早会枯竭，当企业发展到某个阶段后，合作的性质会阻碍机遇。

典型的合资企业协议包含终止合作关系的条款。如果无法通过首次公开招股（IPO）、管理层收购（MBO）或企业出售等方式将合资企业出售给其他投资者，终止条款将决定谁最终拥有合资企业。有时还会启用非常严格的程序，如运用俄罗斯轮盘赌、得克萨斯州枪战和荷兰式拍卖等程序决定企业的归属。这些都体现了确定买方和对合资企业进行估价的方式的变化。由于持续经营价值包含了初始投资的大部分回报，因此，不仅要提前明确收益的分配模式，还要提前明确以何种优先次序实现最终价值。

风险管理

如果一个项目没有按预想的方式推进，你可能不得不做出承担损失并停止项目的决定。此时，失败主义思想容易弥漫，你可能认为迄今为止所做的一切都会付诸东流。但事实并非如此，此时，值得考虑的一个问题是，项目的输出或结果是否对内部或外部的另一方有价值？

遏制风险敞口（risk exposure）

特别是对于高风险项目，采取退出策略有助于控制风险敞口。管理层和利益相关者更可能支持这样的倡议：项目的剩余部分可在企业的其他地方获得新生，企业面临风险的资金能降至最低。

实例

一家制造公司正考虑以建立生产工厂的方式进入一个新兴市场。目前的顾客基数较小，增长率较高，但未来的增长率不确定。若将来这一市场上的需求量大增，现在的投资会给企业带来先发优势。一些管理者赞成维持目前的出口模式，一直到市场成熟为止，而另一些则主张进行战略投资以创造竞争优势，并先于其他竞争者抢占市场。

该公司还在一些发达市场经营。这些市场很早之前就建设了生产工厂，而且为了扩大或替换现有的生产能力，其中的一些工厂在未来几年内需要追加投资。如果在新市场进行了投资且投资失败的话，企业是否有足够的资金支持现有业务的投资需求？

如果新市场的经营失败，新基地所需的大部分设备也可被用于成熟市场的生产基地，认识到这一点会使决策变得容易得多。现在，风险仅限于项目费用、土地和厂房购置费了，但后两者可在当地转售。在这样的背景下，管理层确信，尽管建设新工厂需要大量投资，但风险资金仅限于项目特有的成本和项目终止后出售资产的潜在损失。考虑到在前景辉煌的市场上成为领头羊可能产生的价值，公司决定承受这样的风险。

从上例可明显看出，提前谋划能够使退出策略产生价值。考虑到其他工厂内的重新部署，可以预先划拨设备，以便以后根据需要顺利完成调整。做出调整时要考虑电力标准、安全规定或与其他设备的连通性等因素。若没有预先考虑，这些因素可能会很快导致产生相当于购置新设备的成本。

试着做

- 评估项目自然退出的节点。做出重大决策、重要事项完成的时刻与风险事件一样，都是明显的节点。

- 确认项目在每个阶段具有的价值：

  1. 业务的其他部分；

  2. 第三方以某种形式做出的重新部署；

  3. 残余价值。

- 检查你希望在商业案例中纳入的退出—增强因素，以便在需要时启用商业案例。

来源：EdBockStock/Shutterstock

提示

运用头脑风暴法确定项目在潜在退出节点时的价值。一个有问题的项目可能比你最初想象的更有价值。[1]

思考

- 你得到了什么启示?

- 你下次会如何做?

6.6 设置绊网并保持监督

为什么

风险缓解和应急计划往往会被下意识地描述为:"情势急转直下时,这就是我们要做的。"这虽然有益,但却是一种被动的方法,可能导致本

---

1. 见 2.5 节。

可预防的损害。获得及时的警示后，可提前启动计划。防损计划和控损计划有很大的差异（类似于使用雨伞防止雨淋和被雨淋湿后用毛巾擦干雨水的区别）。

> "没有行动的计划是徒劳的，没有计划的行动是致命的。"

——佚名，来自网址：http://quotationsbook.com/quote/30535

知识简介

无论你是想及时调整航线还是限制实际的损失，设置有效的绊网都需要你了解风险的性质和可能的反应。风险的性质往往决定了早期预警信号的可探测性。[1] 可能的反应决定了对风险作出反应所需的前置时间。以雨伞的比喻进行说明。如果你有一把雨伞，你打开雨伞的绊网就是落在你头上的第一个雨点。然而，当你忘了带伞，想获得一把时，前置时间就由你获得一把伞的时长所决定。当你得不到伞时，你可能不得不转而寻求损害控制（打电话给约会对象，告知你会迟到）或者接受被雨淋成落汤鸡的后果。

> "因为日常的变化是逐渐发生的，甚至是不可察觉的，所以很难知道'跳跃'什么时候会发生，但绊网能告知你'跳跃'的时间。绊网不能保证你做出正确的决策，但它们至少能确保我们意识到该在什么时候做出决策。"

小心"西瓜式"结果

从项目管理的角度来看，在项目进展报告中添加警示语是有意义的。在进展报告中，通常用红、黄、绿三色警示系统表现各事项偏离正轨的程度。为了强调重要的问题或行动，这些系统有时会出现"西瓜式"（外绿内红）的"假阴性"结果。当状态指示的颜色由受访者的理解和他们提出警报的意愿决定时，这样的结果更有可能出现。

---

1. 见 6.2 节。

来源: Valentyn Volkov/Shutterstock

试着做

- 以终为始。确定是否需要设置绊网及绊网的价值（不管是否能设定）。设定绊网能否使你更成功、更低成本地减缓风险？获得的警报前置时间是否足以让你做出有效的反应？

- 确认绊网的数据来源。需要时运用头脑风暴法确认触发绊网的其他途径。

- 大多数情况下，绊网的触发因素是一条信息。将数据源与绊网连接，若不能实现自动化，就指定一名风险责任人，由他来监督趋势或形势并发出启动风险反应机制的信号。

- 如果数据不是自动实时传输的，确定所需的监控频率以便及时做出反应。

- 确保绊网能触发风险反应机制。如果需要的话，可对绊网的性能进行实地测试。它是否安全？

- 定期检查绊网以确保其有效性、目标适应性并优化其潜能。

思考

- 你得到了什么启示?

- 你下次会如何做?

参考文献

Heath C and Heath D (2013). Decisive: *How to Make Better Choices in Life and Work*. Random House，Chapter 11.

6.7 设置护栏

为什么

有些情况下，你承担不起犯错的后果或者你不愿意做错事，此时就需要设置护栏。尽管它们不一定能防止风险事件的发生或其造成的损害，但至少与没有护栏相比，后果的严重程度会减轻一些。

知识简介

护栏的形式有多种，从低成本的期权到明显的项目成本推动因素等，它们用一定水平的、但不一定能消除风险的确定性取代了不确定性。它们的一大特点是在任何情况下都能生效，而且可以限制潜在损害的幅度和范围，这样项目团队可集中精力管理其他风险和价值驱动因素。

保险——保险公司接管你的风险。与期权不同，当激活条件界定好时，保险可在需要时立即生效。同时，对它的使用不是强制性的。保险单上可能载明最低索赔额（"溢额保险条款"）、最高索赔额或者索赔次数限制。这些条款可能导致你做出"承担损失"的决定而不是提出索赔。过于频繁地使用保单会使费率提高。更多次地持保单索赔，你会被承保人列入黑名单。

来源：zimmytws/Shutterstock

安全网——空中飞人工作时会使用安全网，这样他们及其家人才会放心，家人才能相信他们在工作之后会安全返家。为空中飞人购买人寿保险也是合情合理的要求，毕竟，大多数落在安全网中的空中飞人都不那么引人注目。

来源: 123rf.com

克制地释放资金或资源——如果预计在项目的推进过程中能获得重要的见解，为了根据所获得的见解评估风险概况，要确认具有里程碑意义的重大事件。若评估结果令人满意，可进一步释放资金或资源。如果不满意，项目可能被终止，退出策略可能被激活。要预知潜在的资金风险且能承担得起这一风险。

备份——风险事件发生时，备份可使你继续推进工作、少受或不受风险的干扰。航空公司的班机上通常会有两名飞行员，但大多数情况下只有一名飞行员驾驶飞机。如果一名飞行员途中有恙，另一位可接着驾驶。飞行员在途中吃不同的餐食，这一策略能够增强备份的可靠性。

来源: Tatiana Popova/Shutterrstock

安全系数——设置安全系数的目的是，当无法消除全部隐患时，尽力消除大部分隐患。你已经竭尽全力去消除隐患了，但如果你做错了怎么办？你有被起诉的风险吗？或者潜在的损害会远远超过投资于项目的资金吗？想方设法设置缓冲系数。缓冲系数可能是一个百分比，也可能是倍数，这要由你的信心、缓冲的成本和错误的潜在影响来决定。

实例

在数据行业，提供数据备份服务的公司通常会在多个位置储存多个备份，而且这些备份可通过多个渠道进行访问。与丢失一个客户的备份相比，数据存储和访问线路的成本都是比较低的，仅声誉损失就可能严重威胁数据备份供应商的生存，甚至会削弱整个行业。

无所畏惧才能实现目标。如果你是喜欢冒险的人，那么要注意保护下限。

——维珍集团（Virgin Group）创始人

理查德·布兰森（Richard Branson）

实例

理查德·布兰森说："15岁时，我想离开学校去创办一份全国性的学生杂志。我的父亲告诉我，我要这么做的话，必须得先卖出4000英镑的广告，因为我要支付这份杂志首版的印刷和纸张成本。由此我们知道了销量大是件好事。我从电话亭大小的办公室起家，下定决心要争取到广告商的支持。后来我一拿到广告协议就去见校长，告诉他我要退学了。他对我说，我将来要么会坐牢，要么会成为百万富翁。虽然离开学校冒了很大的风险，但我知道我的创意很棒，我的下限风险也得到了保障，因此我相信我做出的决定是正确的。"

试着做

- 回顾有意义的风险[1]，确认你在实施和价值交付阶段不能承受的风险。

- 运用你对各类护栏的理解，为潜在的护栏制定替代方案[2]并核算实施这些替代方案的成本和影响。要评估它们对项目本身的影响，例如可承受性、资源限制、时间或质量。

- 评估替代的护栏，包括评估在商业案例中纳入推荐的护栏的意义。

- 当纳入护栏严重恶化了项目的财务收益时，要考虑下列可能性：

  a. 提高项目价值；

  b. 在项目范围之外利用护栏；

  c. 鉴于项目风险降低，为财务回报重新设定可能的最低要求。

- 让人们对提议的"护栏"提出建设性的挑战，这有助于确保一套可靠的降风险措施。

提示

你希望消除的最大的项目风险是什么，让某个人初步审核消除全部或部分风险的替代方案。

---

1. 见 6.3 节。
2. 见第 2 章。

思考

- 你得到了什么启示?

- 你下次会如何做?

参考文献

See https://www.linkedin.com/pulse/20140224234637-204068115-best-adviceprotect-the-downside.

第 **7** 章

审视过去，展望未来

速读

7.1 鲜有人审视过去的原因

几乎每一个组织都制定了要求项目所有人审视或审计重要计划的成本、实施及其结果的政策。最好的情况下，项目所有人会做出口头上的答应，即便如此，他们也是偶尔为之，并非自然而然的反应。

鲜有人觉得回顾项目是一件荣耀的事情，当审视被称为"审计"时，人们就更不想搜集相关信息了。多掌握有关人类行为的知识能改变这种状况。

来源: Sabphoto/Shutterstock

照着做

问项目所有人，为了更好地完成未来的项目，他们想从过去的项目中学到什么。

7.2 审视过去，吸取经验

"一个组织获取知识并将知识迅速转化为行动的能力，是最终的竞争优势。"

——通用电气前主席兼首席执行官杰克·韦尔奇（Jack Welch）

证实我们已经知道的东西（如支出记录、完成时间和利益交付）不会增加任何价值。然而，不吸取能够提高未来项目成功概率的教训，就好比付了学费而不去上大学。如果你已经支付了学费，你最好还是学点知识吧。将审查项目的重点从找错转向确认能使未来做得更加出色的经验教训。一个尚未探索的重要领域是，如何为更出色的未来设定更好的假设。

来源：Ernest R. Prim/Shutterstock

照着做

现在，确认你从最近的项目中汲取的最大教训，你在下一个项目中将如何运用它？

7.3 审视要快速、不引起痛苦和有价值

最有益的审视能马上为一项倡议提供洞见。项目所有人希望利用所有的知识和创意来最大化项目的价值。他已经确定了价值驱动因素和关键的风险，而且他知道为了提高成功的机会自己需要了解什么信息。

"我只知道一件事，那就是我一无所知。"

——古希腊哲学家苏格拉底（Socrates）

许多管理专家都倡导从过去吸取教训的理念。要提高项目审查的完成率，就得消除人们的心理障碍，迅速、不引起痛苦、有价值地启动审查。当人们发现自己正在发掘可利用的、有价值的洞见时，他们就更有动力把这些洞见公开而不是隐藏起来，而且他们希望这些洞见能得到关注。

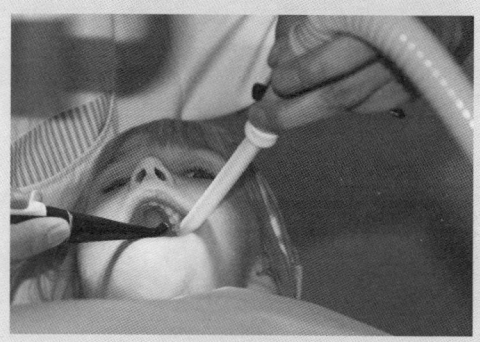

来源：Johann Helgason/Shutterstock

照着做

在项目结束之后或之前，你与参与项目的所有人进行一次面对面的会谈。询问他们，对项目的哪些方面感到最自豪和最遗憾？他们下次会采取什么不同的做法？他们肯定还会做哪些事情？

7.4 展望未来以便审视过去

到项目审核期满时，相当长的一段时间已经过去了。人们可能继续保持前行，重要的经验教训会慢慢变得模糊。如果没有一份专门的项目审查简报，审查人往往会一头雾水，不知道从哪里着手，审查什么。此时，他们往往会去验证成本、时间和收益这些可能最无趣的事项。

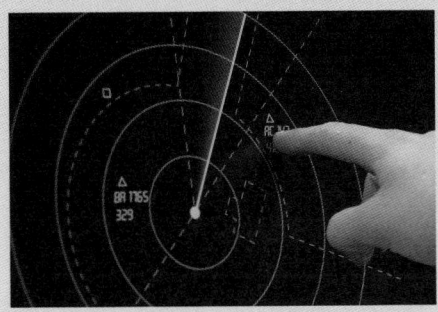

来源: Jeff Thrower/Shutterstock

照着做

请利益相关者确认他们能从项目审查中学到什么。

7.5 树立失败的心态

"从失败中走向成功，挫折和失败是获得成功的基石。"
——自我提升课程的开发者，美国作家戴尔·卡耐基（Dale Carnegie）

就商业项目而言，这是一种公司文化。不允许失败时，没人会去尝试新的或有风险的事情。没有商业领袖的支持，不认可冒风险的（能控制的）价值和失败教训的价值，大多数人只敢接手能产生微小改进的项目。

来源: Jirsak/Shutterstock

照着做

对企业风险和失败持审慎的态度，将问题分解，目的是将小失败变成冒大风险的"护栏"。记住前行路上遇到的所有风险，以便在未来的项目中借鉴。

7.6 调整审视过去的激励

"能量化的工作才能被做好。"

——管理大师汤姆·彼得斯（Tom Peters）

完不成项目审查的一个原因是，员工通常感受不到完不成的恶果。你肯定能猜出结果会是什么！

来源: Oleksiy Mark/Shutterstock

照着做

提前确定项目审查的所有权，创造强调项目审查对组织重要性的激励。比如，增加介绍审查结果的机会，增加 CEO 或更多的同行运用审查结果的机会。

7.7 将过去的经验纳入你的建议

"庆祝成功是好事，但汲取失败的教训更重要。"

——微软公司联合创始人，慈善家比尔·盖茨（Bill Gates）

只是为了有始有终才审视过去吗？如果你完成了项目审查报告，为什么不在你的建议中运用报告的结论呢？一而再、再而三地犯同样的错误会对声誉造成灾难性的损害。

来源：John Foxx Collection/Imagestate

照着做

　　养成这样的习惯：在你的商业案例中至少写入一个从过去类似的项目中汲取的教训。

详解

7.1 鲜有人审视过去的原因

为什么

几乎每一个组织都制定了要求项目所有人审查或审计重要计划的成本、实施和结果的政策。最好的情况下，项目所有人会做出口头上的答应，即便如此，他们也是偶尔为之，并非自然而然的反应。这意味着宝贵的经验教训正在失去，错误会重演。这种做法是不对的。尤其是我们回顾了所有卓越的决策后发现，这是迄今为止最容易解决的问题。

2014 年为 11.5 亿英镑：英国国家审计署（UK's National Audit Office）公布的公共服务开支节省和效率提高的估计值。

知识简介
人类行为

项目完成后不对项目进行审查的原因有很多，它们大多是由人类行为的错综复杂性引起的。奥地利学派的经济学家路德维希·冯·米塞斯[1]想弄清楚人们做事的原因。他在《人类行为的经济学分析》（*Human Action*）中阐述了自己的发现。总之，米塞斯发现，人类要做出某种行为必须同时满足下列三个条件：

- 对当前的境况感到不满；

---

1. 奥地利学派是一个经济学思想流派，其基础是方法论个人主义，即社会现象是由个人的动机和行为造成的。遵循这一传统的当代经济学家分布于众多国家，但他们的工作都被称为奥地利经济学。

- 有更美好境况的愿景;

- 相信能达到更好的境况。

仔细想想,这样的看法不无道理。如果你对自己的境况感到不满,梦想达到更美好的境况,但你不相信自己能够实现它,那就没什么因素能促使你采取行动了。

从另一个角度来说,对当前的境况不满意且相信自己能够达到更美好的境况,这是一厢情愿的想法。不谈计划,若连一个梦想都没有,什么改变都不会发生。

来源: PhotoLiz/Shutterstock

人们可能认为，你不需要对当前的境况感到不满，你只要有更美好境况的愿景且相信自己能实现它就可以采取行动了。冯·米塞斯对此的回应是，只有当人们对现状不满意，并且觉得自己能做得更好时，他们才会采取行动。

完成项目审查

所以，回到之前的主题，不审查项目只是因为无人觉得有必要这么做或者无人对此感兴趣，即使这是明文规定的责任。总有一些工作看似比审查无法改变的事情显得更加紧迫和重要。如果说还有什么有趣的事情有待发现的话，那往往[1]是出错的地方及错误的责任分担。毕竟进展顺利的项目已经得到了广泛的宣传和展示，成功的原因也早已人尽皆知。简而言之，任何人都很难在项目审查中发现让自己引以为傲的事情。当审查被称为"审计"时，审查人就更没有兴趣搜集相关信息了。

试着做

- 本着路德维希·冯·米塞斯的精神，确认有助于你对当前境况产生不满的高层次指标。你所在组织过去的预算支出、按时完成计划和按计划交付的记录如何？

- 调查重要的利益相关者对项目审查效用的看法，他们希望从中吸取什么经验教训？目前开展项目审查的理由是什么？

---

1. 参见 1.2 节中牛津大学的研究。

提示

　　对于那些正在准备商业案例和想了解案例是否做好了报批准备的人来说，了解人类行为模式也是非常有用的。可以从投资者或审批者的角度针对每个条件筛选商业案例，以此确定可能需要完成的后续工作。

思考

- 你得到了什么启示？

- 你下次会如何做？

参考文献

Von Mises L (1949). *Human Action: A Treatise on Economics*. Yale University Press.See https://www.nao.org.uk/about-us/wpcontent/uploads/sites/12/2015/12/Introduction-National-Audit-Office.pdf.

7.2 审视过去，吸取经验

"一个组织获取知识并将知识迅速转化为行动的能力，是其最终的竞争优势。"

——通用电气前主席兼首席执行官杰克·韦尔奇（Jack Welch）

为什么

无论喜欢与否，一切都会变得更加美好。如果我们不能持续地改进我们所做的事情和做事的方式，那么随着时间的推移，我们就会跟不上形势，无论是个人还是组织皆如此。市场是大多数人的谋生之所，而且它不偏不倚。如果别人比我们优秀，他们就会得到交易机会。

"停顿就是造成错误的第一步。"

——中国谚语

提炼教训和洞见时，最容易获得、最新的、最相关的资源是组织的集体知识。在项目和举措的实施过程中，人们的素质得以拓展，现有的理念遭到挑战，出现的逆境磨炼了个人的意志。当项目偏离正常的路线时，它为实施者观察什么是有效的、什么是不可行的提供了合适的视角。获取非同寻常的见解，并利用它们做出重大改变。

知识简介

在《第五项修炼》（*The Fifth Discipline*）一书中，彼得·圣吉指出了学习型组织的特征和好处。学习型组织是能促进成员学习并持续完成自身转型的公司。学习型组织的发展壮大是当代组织在压力下寻求改变的结果，而且它已经成为使组织在商业环境中保持竞争力的决定性特征。

学习型组织的 5 大特征：[1]

1. 系统思考——组织如何看待自身及与外部世界的联系，它有助于解决问题和做出决策。

2. 自我超越——个人致力于持续的学习。学习型组织有促使个人学习，增加组织集体知识的机制。

3. 心智模式——反映了组织内部秉持的假设和结论。学习型组织在不断探究和相互信任的基础上建设开放的文化。

4. 共同愿景——它创造了一个共同的身份，提供了学习的焦点和动力。最成功的愿景以组织各个层级员工的个人愿景为基础，因此，学习型组织往往具有扁平化的松散组织结构。

5. 团队学习——积累个人学习成果，而且由于更容易获取知识和专业技能，它能提高团队解决问题的能力。学习型组织往往具有卓越的知识管理结构，能够在组织内创造、获取、传播和利用这些知识。

学习型组织的主要优势是：

- 保持创新水平和竞争力。

- 更好地应对外部压力。

- 具有更好地链接资源和客户所需的知识。

- 提高各个层面输出的质量。

- 通过变得更加以人为本来提高企业形象。

- 加快组织内部的变革步伐。

与你分享上述内容并不意味着，你必须得在学习型组织工作才能从项目审查中获益，相反，关键在于有意识地吸取经验教训，并在商业案

---

1. 其中的许多特征与吉姆·柯林斯在《从优秀到卓越》一书中的发现形成了共鸣。参见 1.3 节的内容。

例和决策框架内外运用它们。它们就在你的眼前，低垂的树枝上已硕果
累累，任何人伸手即可摘取，你还等着干嘛呢？

试着做

- 本着"要事先办"的精神，当你只有 15 分钟时间时，还
  是忘了搜寻数字的事吧！给项目经理或项目负责人留出
  一段时间，询问他们最自豪的时刻和对项目的最大遗
  憾。让他们反思下次会采取什么不同的做法？肯定还会
  做什么？

来源：Joanchang/Shutterstock

- 这里有几个提示：

  - 哪些部分运行良好？

  - 下次我们可以做得更好 / 更快吗？

- 我们应该注意什么?

- 我们从结果范围的设定中学到了哪些有助于下次做得更好的经验?

- 是否错过了让合适的人尽早参与回顾项目的机会?

- 如果在不久的将来,组织要上马更多类似于你正回顾的项目,可考虑花一些时间进行更深入的训练。通过本书7个章节所提供的7个提示来回顾项目,你会发现许多可追溯至商业案例和相关决策过程的事项。

- 总结经验教训,并利用组织内的高效沟通渠道分享它们,这有助于与项目专业人士和决策者达成共识。

思考

- 你得到了什么启示?

- 你下次会如何做?

参考文献

Senge P (1990). The Fifth Discipline: *The Art and Practice of The Learning Organization*. Century Business.

See https://en.wikipedia.org/wiki/Learning_organization#The_Fifth_Discipline.

7.3 审视要快速、不引起痛苦和有价值

为什么

长话短说，路德维希·冯·米塞斯已经告诉我们，只有当人们想做出积极的改变并且认为改变能实现时，他们才会采取行动。项目审计往往发生在项目完成后的很长时间内。由于标准不明，获取数据需要投入精力，和个别情况下可用数据的可信度和相关性存在问题，因此项目审计的实施很复杂。最重要的是，大多数审查不会产生什么影响，审查结果最终会被束之高阁，永不见天日。难怪对于能快速完成的项目的审查这么少。

知识简介

阻碍有益的项目审查完成的一个关键因素是人们的准备不足。特别是当项目偏离轨道时，参与人员会有一定的忧虑，他们不确定评论会对他们的地位和未来的职业机遇产生什么影响。协作受到限制时，评论会成为净化版的真理，其中有可能包含分歧和矛盾。因此，它们对改善未来的商业案例、决策和项目没什么价值。

"信任就像我们呼吸的空气。当它出现时，没有人真正注意到。但如果它消失了，每个人都会注意到。

——沃伦·巴菲特（Warren Buffett）

在审查过程中建立信任是取得有益结果的关键条件。对那些希望自

觉地致力于增加个人间、团队或组织内信任的人而言，史蒂芬·柯维撰写的《信任的速度》(*The Speed of Trust*)一书具有实用的参考价值。应该说，诚信、尊重、问责、参与透明和公开都是建立信任的关键要素。

试着做

- 要从商业项目所有人的角度考虑问题的相关性和价值问题。[1]他们是交付项目收益的责任人。确认哪些知识和见解能促使商业项目所有人提高交付项目收益的概率。

- 为加快审视速度，首先要注意提炼洞见。与关键的利益相关者进行简短的、半正式化的访谈来确认洞见，要认识到人们可能会担心受项目缺陷的牵连。表明你对他们积极意图的信任，如果需要的话，稍后要留下支持性的事实资料。

- 不引起痛苦的保证：明确审查项目的目的是改善未来的决策和项目收益的交付，而不是去评判已有的项目。[2]

来源: Joanchang/Shutterstock

---

1. 见 1.7 节。
2. 这一明确的责任原则在国家安全委员会的职责范围内被频频使用，特别是在（空中）交通事故调查领域。在这些调查中，调查人提出的任何意见都不会导致纪律处分或法律行动。这种独立性被视为成功汲取未来可用的教训的关键因素。

- 制定新的商业案例时，要在其后附上项目审查概要。这样可以捕捉到商业案例制定阶段有待证实的不确定因素，为改善未来的商业案例提供参考。

思考

- 你得到了什么启示？

- 你下次会如何做？

参考文献

Covey SMR (2006). The Speed of Trust: *The One Thing that Changes Everything.* Free Press.

7.4 展望未来以便审视过去

为什么

随着时间的推移，我们的观点会发生变化，因此，我们可能会忽视一个阶段内不确定的事情。我们在项目审查中展望未来有两个意图：

1. 确认使审查人能够验证项目成就和重大阶段性成果的数据来源。这样做可以防止出现因数据缺乏而无法验证收益的情况。在不存在数据源的情况下，项目范围可能要纳入追踪机制的创建。

2. 确定项目审查过程中要解决的关键问题。不要贬低项目审查工作，要从填补空白的视角来看待它，这样审查会变得更容易一些。

知识简介

项目审查的透明度能提高人们对可交付物的关注。责任的明确度和透明度能够减少人们的猜忌，每个人都能知道接下来会做什么，由什么人来做。让人们注意到我们正在学习的经验教训，他们也会在项目的推进过程中总结经验教训。提前明确项目审查所有权，这样当人们获得了应该纳入回顾的观察资料后，就知道应将它们告知给谁。这样，随着项目的进展，审查工作也在进行中了，不必等到项目完成 6 个月至 1 年后才开始着手进行。两者间的差别是多么大啊！

SMART 目标

衡量目标的实现情况时，可运用 SMART 原则。SMART 目标首先由乔治·多兰博士提出，后因彼得·德鲁克的目标管理概念得以推广。SMART 目标设置原则很明智，利用它很容易了解和评估目标的完成情况。

SMART 目标设置原则为：

具体性——改进的领域具体明确；

可衡量性——可量化或者至少可提出一个衡量进展的指标；

可分配性——责任到人；

现实性——表明以现有的资源能取得的结果；

时限性——明确什么时间能实现结果。

值得注意的是，SMART 标准不一定是量化的指标。就像我们在结果范围中对假设的描述[1] 一样，明确的定性目标也是很有价值的。

试着做

- 向利益相关者询问审查应涵盖的范围。

- 验证目标是否按 SMART 原则设定。

- 确定从哪里查找数据。

- 若所需数据目前未被追踪记录，则将跟踪机制的创建纳入项目范围。

- 指定检测和捕获关键绩效数据的责任人。

- 让商业项目所有人确认，他为了完成手头上的项目应该知道但实际上不知道的事项。

- 对设定假设的质量进行评估，根据需要制定替代方案和风险缓解策略，在此基础上提出改进建议。

- 此外，要明确鼓励审查人保持开放的心态，捕捉任何不可预见的方面或要素，无论它们能否被具体化。

---

1. 见 5.3 节。

思考

- 你得到了什么启示?

- 你下次会如何做?

参考文献

Doran GT (1981). There's a S.M.A.R.T. way to write management's goals and objectives. *Management Review (AMA FORUM)*, 70(11): 35-36.

7.5 树立失败的心态

为什么

所有的项目都存在固有的风险。企业会推进项目,因为无论对错,他们都期望获得一个合理的成功机会。并非所有项目都能成功,然而,正是在冒险的过程中,企业才发现了自己的进步权并努力维持它。

"我没有失败，我只是发现了 1 万种行不通的方法。"

——托马斯·爱迪生（Thomas Edison）

公司如何应对失败会给所有人对未来的风险项目的嗜好定下基调。如果失败受到了惩罚，人们会追求安全。解决这个问题的诀窍是培养有效的冒险文化，将失败视为游戏的一部分，同时运用风险管理和实验技巧。定期回顾取得的进展和汲取的经验教训，不要等到项目完成之后才这样做，要与接受失败一起进行。这样做能使你不断获得学习的机会，调整行动方向并降低风险，使失败成为前进道路上被认可的成分。

知识简介

做到面面俱到并不容易。企业管理层有责任不浪费公司的资产和资源，同时，他们还对股东承担着进步的责任，表现形式包括增长、再创造或优化。

正如 2.4 节中通用电气的例子所显示的那样，许多人本能地寻求安稳，谁又能责怪他们呢？只有企业明确表明冒险是受欢迎的，人们才会走出舒适区。此时企业的挑战就变成了培养这样的一种文化：人们花公司的钱就如同花自己的钱，而且他们会根据公司的风险承受能力来冒风险，不会影响公司的未来。

有意思的是，这并不意味着你不能在厌恶风险的组织中承担风险较高的项目，你只是需要遵循一套更安全的规则。

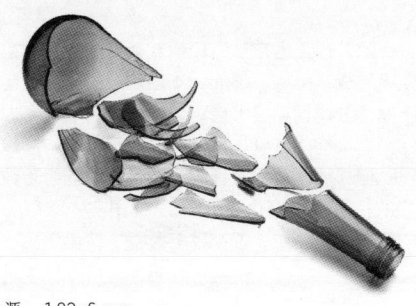

来源：123rf.com

试着做

以下行为旨在使你及组织以高效的方式接受风险和失败的理念：

- 运用项目风险导图来确定（更）安全地推进项目的路径，这可能意味着将整个项目分解，也可能意味着以实验来验证你的一些关键假设，或者以试点项目加速掌握相关知识[1]或收集经验数据。

- 弄清楚你希望从每个阶段学到什么或获得什么，搞清楚它们如何帮助你在项目的下一阶段做出更好的决策。为制定如何推进的决策设定明确的标准。

- 详细说明小步骤推进的时间影响。这是否会造成延迟？是否有可同时推进的步骤？是否存在可绕过的步骤？延迟的机会成本[2]有多大？

- 制定有关退出策略的愿景。[3]每个阶段需要花费多少资金和资源？在不同的退出时刻可能收回多少资金？退出策略的实施可能性有多大？

- 就树立失败的心态而言，预期管理就是一切。你在交流中要表明自己的这一立场：失败若非学习必须经历的，

---

1. 一个绝佳的例子是，一家公司正考虑从进口模式转变为本地制造。进口产品往往比本地制造的产品具有较高的成本结构。然而，本地制造的产品数量要达到一定规模才能在经济上可行。鉴于此，公司通常会考虑定价低导致的增长潜力，验证这一点的实验可能包括将当前产品销售价格降低到本地制造时的定价。与通过进口模式供应市场相比，这样做可能赔钱，但却能使公司获得验证增长假说的经验数据。如果假设得不到实验的验证，大规模的投资就会停止（价值），如果实验取得成功，它会创造一个更高的基线数据，开启新的增长轨迹，提高财务收益（价值）。
2. 见4.6节。
3. 见6.5节。

也是实实在在可能发生的。减缓计划和临界点是阐明和迎接建设性挑战的关键因素。

思考

- 你得到了什么启示？

- 你下次会如何做？

7.6 调整审视过去的激励

为什么

如果你真的想从项目中汲取对未来有益的教训，那么在奖励和认可人们对审查的贡献时，要说到做到。

知识简介

有无数的调查显示，认可和欣赏是比薪酬更有效的工作激励因素。这一点对项目审查的启示是：即使人们进行的是有偿回顾，当他们发现回顾工作本身没什么意义时，他们就只会按部就班地"打钩"，这很可能减少有价值的教训和洞见的数量。换句话说，激励有助于完成回顾，但要使回顾产生更有益、更重要的结果，就需要采用一种协调的方法，让人们看出执行回顾意见所产生的直接附加价值。

有趣的是，我在科赫工业公司工作时[1]，我很少看到有正式的项目审查完成。当时我经常听到人们说这句话："当查尔斯（科赫）获得报酬时，你就可以获得报酬。"据报道，科赫工业公司将 90% 的利润进行了再投资，其余的 10% 的利润的一部分被用于支付员工的奖金。这实际上意味着，从事任何阶段的项目工作的人都要积极地关注实际的利益交付。随着项目的推进，商业案例分析师会追踪原始假设的可信度和风险的具体表现。对于长期运行的项目，奖励性的支付可能会分几年兑付。

为绩效考核做准备时，你会发现实际交付的好处、汲取的经验教训和错过的机会。管理层会认真看待这些问题。在绩效审核窗口期，高层管理者似乎将大量时间用在了召开绩效考核会议上，因此，绩效考核会议就成了确认和有效地利用相关经验教训的工具。员工和所有人的利益协调性如何呢？

试着做

- 将责任分配给每个关键驱动因素的所有人和风险责任人，让他们在职责范围内提炼经验教训和洞见。

- 对项目审查的作用有清醒的认识。

---

1. 见 5.3 节。

- 对如何运用输入保持透明。

- 制定评估、存储和传播经验教训的策略。

- 庆祝能获得宝贵的经验教训，尤其是从（部分）失败的举措中得到的经验教训，以确保吸取教训和突显吸取经验教训的价值。

- 考虑所有人审查的时间和频率。在项目的推进过程中，专门留出思考的时间有无价值？

你会注意到，上述这些都不是有利可图的行为，但它们是深思熟虑的结果。在我看来，如果个人不"了解"项目审查的意义和用途，那么他们把时间花在其他地方可能会更好。

思考

- 你得到了什么启示？

- 你下次会如何做？

7.7 将过去的经验纳入你的建议

为什么

做事要有始有终。如果你想不断进步，首先你要看看别人学到了什么、哪些能为你所用。这样，你从一开始就强调了项目审查的价值和实用性，并鼓励了利益相关者从手头的项目中探索更多的经验教训。

"不吸取前车之鉴，必定会重蹈覆辙"

——哲学家乔治·桑塔亚那（George Santayana）

知识简介

持续改善（CIP）的核心因素是对反馈的开发和利用。今井正明在《改善》（*Kaizen*）一书中对这一因素做了全面的介绍，他主要从质量和减少废弃物的角度解释了日本企业在竞争中取得成功的经验。

它们对商业项目和举措的启示是，进行项目审查不只是为了未来项目的利益，更直接的价值在于，它能使你确认从过去的经历中汲取的教训并将其转化为针对当前项目的战略和行动。

试着做

- 寻找类同项目并从中吸取教训。可能时，直接从项目所有人那里获得有益的洞见。

- 将相关的类似项目纳入考虑，需要时可扩大你的借鉴范围，将公司和行业之外的项目也纳入。

- 分解主要的驱动因素和风险，你能找到以前对它们负责的人吗？

- 将调查结果反映在你的商业案例中，并根据需要进行调整。根据累积的经验教训，你会提出什么策略或行动建议？

思考

- 你得到了什么启示？

- 你下次会如何做？

参考文献

Masaaki Imai (1986). Kaizen: *The Key to Japan's Competitive Success*. McGraw-Hill.

你如何评价本书？

我们渴望看到读者对本书的评价，以便改进我们的出版事业。

请登录下面的网址并留下宝贵意见。

您只需花几分钟时间写下您的想法，但对我们而言，它们是无价之宝。

网址：www.pearsoned.co.uk/bookfeedback

附 录

下图描绘了两个关键的价值驱动因素与结果范围之间的关系。这两个驱动因素是数量（横轴所示）和总利润（纵轴所示）

结果范围和收支平衡时的净现值（NPV）分析

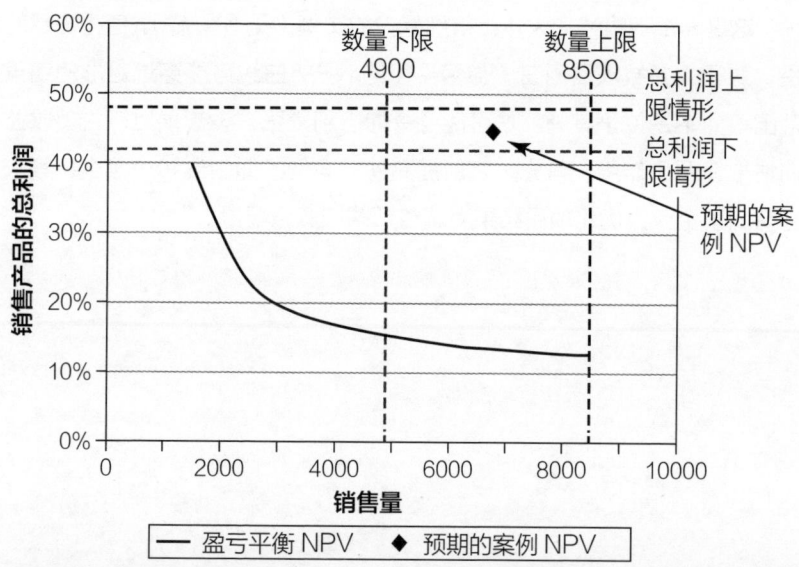

两个关键驱动因素的结果范围的极值用虚线表示，虚线围成的矩形表示的就是结果范围。

请注意，下限情形的销量相对较高。在该项目中，一条规模更大、效率更高的生产线取代了现在满负荷的生产线。新生产线能够降低生产成本，使新兴市场的销量进一步增加。由于为现有业务预装了新生产线，团队认为他们很容易维持现有的销量。上限情形的销量由机器的最大生产潜能所决定。

棱形符号描述的是预期案例的销量和总利润。

表中的曲线描绘的是能产生盈亏平衡净现值的情况。正是这条线令这张图如此赏心悦目。预期的案例正好落在了结果范围的中间，但是，即使团队设定了错误的结果范围，他们在实现盈亏平衡前也有很大的犯错空间。但要注意，只有上面的数字可靠时这张图才是赏心悦目的。这就是了解和解释这些数据点（预期的上下限范围）落在目前位置的如此重要的原因。

这是一个下限情形大体上得到保护的实例（见 6.7 节）。值得注意的是，对于大多数项目而言，盈亏平衡的 NPV 曲线可能穿过矩形的结果范围，而不是位于其外，这可能会令你感到紧张。设想项目产生负收益的情形有两个作用：首先，它能提高商业案例的清晰度和可信度；其次它有助于企业为优化项目结果而调整预期和资源配置。